ちくま学芸文庫

カント入門講義

超越論的観念論のロジック

冨田恭彦

筑摩書房

カント入門講義【目次】

カント入門講義——超越論的観念論のロジック

はじめに

　私たちが日常「物」の世界、「物質」からなる世界だと思っているものを、「心の中の世界」として捉え直そうとする立場。これは、心の中に現れるものを「観念」と呼ぶ慣例に従って、「観念論」と呼ばれています。私たちが「物とか物質とかからなる世界」と思っているものは、実は心の中に現れる「観念」が織りなす世界である、というわけです。

　ヨーロッパにおいてこのような考え方を明確な形で示したのは、一八世紀前半に活躍したジョージ・バークリです。バークリ本人は自分の立場を「物質否定論」（非物質論 immaterialism）と呼んだのですが、この世界は私たちの心の中に現れる「観念」からなるとする説であることから、彼の立場は「観念論」と呼ばれてきました。

　この観念論、物質は存在しないというわけですから、とんでもない話だと思う人がたくさんいてもそれは当然だろうと思われるでしょうね。ところが、そうした立場とか姿勢とかに魅力を感じる人は、あとを絶たないのです。同じような考え方は東洋でははるか昔からあり、仏教の中にも出てくるのですが、東洋のそうした考え方に魅力を感じる人があとを絶たないのと同じです。

ヨーロッパでは、バークリのあと、一八世紀の後半になって、イマヌエル・カントが「超越論的」立場からさまざまな問題を考え直そうとします。彼の『純粋理性批判』(第一版は一七八一年、第二版は一七八七年の出版です)は、いわゆる「批判期」(つまり『純粋理性批判』を出した時期以降)の他の著作とともに、今日でも多くの人々に読まれています。おもしろいことに、その『純粋理性批判』でもまた、私たちにとってのこの世界は、心の中に現れる観念からなる世界です。ただし、ドイツ人のカントは、「観念」にあたる言葉ではなく、「表象」にあたる言葉を用いたのではありますが。

そんなわけで、彼は自分の立場を「超越論的観念論」と呼んでいます。

あ、やっぱり観念論なのか。

いやところが、彼の「超越論的観念論」には、その観念論の本体に、「物自体」というしっぽが付いていていました。

物自体。「物そのもの」でもいいんですけど、カントは、そういうものがちゃんとある。そして、それが私たちの感覚機能に刺激を与え、そのため私たちはこのようなフルカラーの世界を知覚することになっているのだと言うのです。ところが、物自体は存在するにもかかわらず、それがどういうものかは私たちには一切わからない、とカントは続けます。

え、それってどういうこと?　と思われるでしょうね。「物自体」というふうに「自体」まで付けて、もっと強調的に「物自体そのもの」なんて言われることもあるんですけど、ともかく「物」はあるというわけですよね。そして、そういう「物自体」から私たちの感覚能力が刺激を受けて、その結果こんなフルカラーの、色鮮やかな、味も匂いも肌触りもある「表象」からなる世界が、私たちに「与えられている」というのです。「表象」という言葉は、言い換えれば「観念」ですよね。ですから、そんな「物自体」というしっぽ付きではあるものの、『純粋理性批判』のカントの見解は、私たちが世界だと思っているものに関する限り、明らかに「観念論」なのです。このカントのしっぽ付き観念論（超越論的観念論）のロジックをできるだけわかりやすく示すこと、これが、本書のもくろみです。

どの思想家も、（宇宙の年齢からすれば）短くて（私たちの年齢からすれば）長い人類史の中で思索を重ねてきた人ばかりで、これまで人類が何を考えてきたかは知らないけれどそんなことはどうでもよくて自分はこう思うなんて、そんな手前勝手なことを言って読み継がれてきた人はまずいません（表面的には、例外的に見えるのはヴィトゲンシュタインくらいのものですが、彼だって、隠れショーペンハウアーファンだったのはともかく、それを経由してか、ときどきカントが彼の思想の中に見え隠れし、また、当時の哲学の動向に意外と［失礼！］敏感であったのも確かです）。カントもご多分にもれずで、カントの思想には、当時の自然科学の流れ、ドイツのライプニッツ＝ヴォルフ哲学、イギリス経験論のロックやバークリやヒュームの見解との、継承と反発の多重関係が背景にあります。

本書では、カントの観念論的哲学の背景をなしているそうした要素を意識しながら、『純粋理性批判』に見られるカントの観念論の論理を、可能な限りわかりやすく説き明かすよう努めます。

その論理、カントが、当時の悪しき形而上学的議論を批判し、彼が認める学問を擁護するという目的を持って展開されたものですから、少々堅苦しい面もあろうかと思います。けれども、この世に生まれて気がついてみるとこのような世界の中に生きている。その世界が、「物」そのものからなる世界じゃなくて「表象」の世界だと言い、しかもその流れがいずれヘーゲルの「絶対的観念論」を生み、それがさらに大逆転してマルクスの「唯物論」を生んだとすれば、おもしろいではありませんか。本書は、とにもかくにもそうした思想の流れの重要な結節点の一つをなすカントの「超越論的観念論」のロジックを追うことを、目的としています。

第1章「カント略伝」では、カントがどのような生い立ちの人で、どのようにしてのちの名声を博す立場にまで至ったかを、特に自然科学、イギリス哲学との関係を念頭に置きながら、たどっておくことにします。

第2章「なぜ「物自体」vs「表象」なのか?」では、物自体と表象の対比構造をカントがどのような仕方で受け入れたかを見ます。これによって、『純粋理性批判』の最も基本的な枠組みの論理が、確認できるはずです。

第3章「解かなければならない問題」では、カントの『純粋理性批判』が何を解かなければならない問題とみなしていたかを見ていきます。カントの『純粋理性批判』は、学問と似非学問の間に線を引き、その線引きがどうして妥当なのかを明らかにしようとするものです。そのためにどうしても解かなければならなかったのが、「アプリオリな総合判断はいかにして可能か」という問題でした。ここでは、その問題の意味を明らかにすることが試みられます。

第4章「コペルニクス的転回」では、カントが右の問題を解こうとするとき、私たちが持っている心の能力には、もともと、ある「ものの見方」が組み込まれているのだという考え方を駆使することが確認されます。カントは、天体自体がそのように運動しているからそう見えるのではなくて、私たちが乗っている地球が回っているからそう見えるのだというコペルニクスの方向転換に、自分の立場をなぞらえます。感覚能力である「感性」と、思考能力である「知性」に、どのような「ものの見方」、「ものごとの捉え方」が組み込まれていると考えたかを、ここで確認します。

カントが右の「コペルニクス的転回」を図る上でその大きなきっかけとなったのは、イギリスの哲学者ヒュームから受けたショックでした。第5章「「独断のまどろみ」から醒めて」では、このことから始めて、いわゆる「超越論的演繹」の基本構想へと話を続けます。

第6章「主観的演繹と図式論」では、第5章での演繹の構想を承けて、カントが試みた主観的演繹、さらには彼の図式論へと話をつなぎます。

第7章「アプリオリな総合判断はいかにして可能か」では、純粋数学と形而上学を取り上げ、カントが「アプリオリな総合判断はいかにして可能か」という「最も重要な」問題にどのように答えようとしたかを見ます。

第8章「魅力と謎」では、カントに関する私自身の見解をいくばくか表明させていただきます。そこではカントに対して少々批判的なことを述べさせていただきますが、私が批判的なことを率直に述べるのは、それが多少とも刺激となって、さらにカントの理解が深まることを期待してのことです。


ところで、本書は、ご覧のとおり、「ですます調」で書かれています。これについて、一言申し上げておきたいと思います。

この語り口は、私が大学で行っている講義の語り口そのままです。そして、大学での私の講義が、わかりやすさを心がけるものの、けっしてレベルを落とすことがないのと同じように、本書でも、そうした普段の語り口でお話しさせていただくものの、けっしてレベルを落とすものではありません。むしろ、いわゆる「専門書」以上に、レベルの高い話になっているかもしれません。

本書によって、読者のみなさまとカントとの距離が近くなることを願っています。

＊　地名や書名、特に重要な専門用語については、読者のみなさまが調べ直さなくてもいいように、原語を挙げておきました。また、英語以外の原語については、必要に応じてカタカナ書きでその原音に近い読みを記しておきました。英語についても、あまり見かけないものについては、カタカナ書きを添えました。わずらわしい場合には、無視していただいて結構です。いつか気になられたおりに、ご確認いただければ幸いです。

＊＊　特に重要な人物や著書については、名前の綴りや生没年、あるいは書肆情報を、繰り返し表記する場合があります。どこにあったかなと、改めて捜していただかなくてもいいようにしています。

＊＊＊　カントの『純粋理性批判』の箇所を示すときには、慣例に倣い、第一版はAで、第二版はBでこれを示し、それぞれのページ番号を添えて、（A七一三／B七四一）のように表記しています。

＊＊＊＊　原典からの引用は、一つを除いてすべて私の訳です。例外は、デカルトの『世界論』からの引用で、これは、わが敬愛する神野慧一郎先生の訳を使わせていただきました。（私事ですが、神野慧一郎先生の先生であられた京都大学文学部哲学科の故野田又夫教授は、学部時代に私の最初の指導教官を務めてくださった方でした。）

第1章　カント略伝

†ケーニヒスベルクとプロイセン

それでは、まずはカントの生涯を見ておきましょう。

イマヌエル・カント（Immanuel Kant, 1724-1804）は、一七二四年四月二二日に、東プロイセンの首都ケーニヒスベルク（Königsberg）に生まれ（図1参照）、生涯のほとんどをその地で過ごしました。ドイツ語で「ケーニヒ」（König）は「王」、「ベルク」（Berg）は「山」、「ケーニヒスベルク」は、「王の山」（王の砦）を意味します（間の's'が、「の」にあたります）。一三世紀半ばに、北方十字軍の活動の一環として、この地に異教徒の征討・教化のための新たな要塞がドイツ騎士団によって建設されたとき、騎士団を支援したボヘミア王オタカル二世（チェコ語でOtakar II ドイツ語ではOttokar II, c. 1233-1278［生年の前に付けた'c.'はラテン語の'circa' キルカーの頭文字で、「おおよそ」、「頃」を意味します。この略号、結構便利なので、本書ではこれを使います］）に敬意を表して「王の山」と名づけられたのが、その名の由来です。

図2の地図をご覧ください。カントが活躍していた一八世紀半ば過ぎのケーニヒスベルクです。城塞都市であることが、よくわかりますよね。

ヨーロッパの複雑な歴史的経緯については、東プロイセンの場合もご多分にもれずです。ともかく、さまざまな経緯を経たのち、一五二五年、東プロイセンが「プロイセン公国」

(Herzogtum Preußen ヘルツォークトゥーム・プロイセン) となります。

今度は、図3の二つの地図をご覧ください。上側の地図の真ん中辺りに、「ブランデンブルク辺境伯領」というのがありますよね。ホーエンツォレルン（Hohenzollern 今日では概して「ホーエンツォラン」に近く発音されています）家が、ベルリンを首都とし、ブランデ

【図1】東プロイセンとケーニヒスベルク

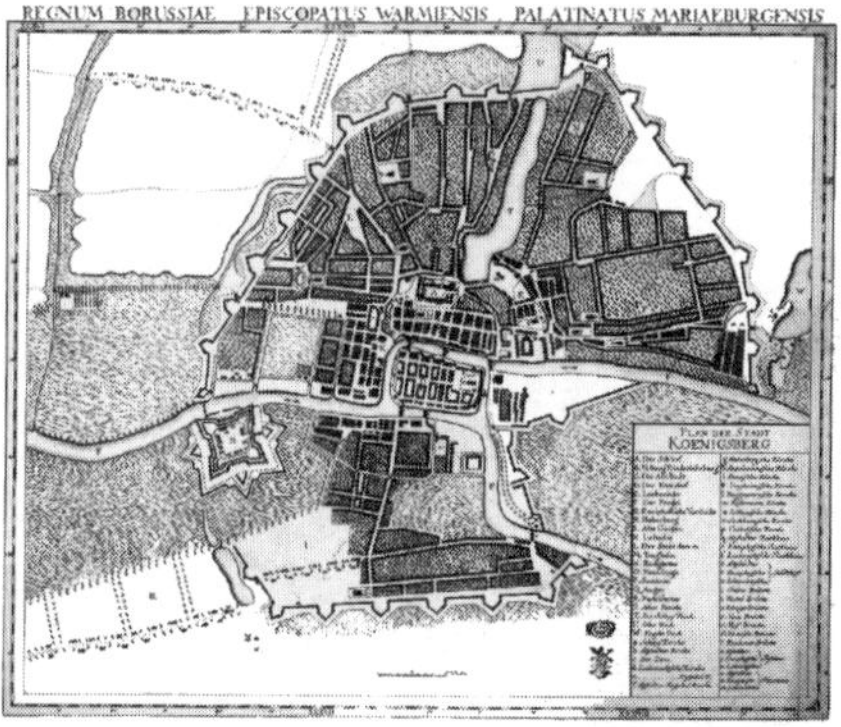

【図2】18世紀半ば過ぎのケーニヒスベルク

ンブルク辺境伯としてその地を治めていました。（もともと同家は南ドイツに領地を持っていましたが、一四一五年からブランデンブルク辺境伯領を治めることになりました。）そのホーエンツォレルン家に連なるアルブレヒト・フォン・ブランデンブルク＝アンスバッハ（Albrecht von Brandenburg-Ansbach, 1490-1568）が、一五二五年に初代プロイセン公となり、先ほどのプロイセン公国が創設されます。それ以前は、先述の、異教徒の教化と植民をことするドイツ騎士団が、その地を支配していました。右のアルブレヒト・フォン・ブランデンブルク＝アンスバッハは、そのドイツ騎士団の最後の総長を務めた人でした。

ところが、一六一八年、プロイセン公の血筋が絶え、ブランデンブルク辺境伯のホーエンツォレルン家がプロイセン公国を継承、ブランデンブルク辺境伯がプロイセン公を兼ねることになります。さらに、プロイセン公国に対するポーランド王国やスウェーデン王国の影響力が排除されると、一七〇一年には、ブランデンブルク辺境伯フリードリッヒ三世（Friedrich III, 1657-1713）がケーニヒスベルクに赴き、プロイセン王フリードリッヒ一世（Friedrich I 在位 1701-1713）として即位します。これによって、プロイセン公国はプロイセン王国（Königreich Preußen ケーニクライヒ・プロイセン）となり、形の上では、プロイセン王がブランデンブルク辺境伯を兼ねることになります（歴代の王はベルリン［もしくはポツダム］に居住しました）。

便宜上、プロイセン王国とブランデンブルク辺境伯領とを合わせて「プロイセン」と呼

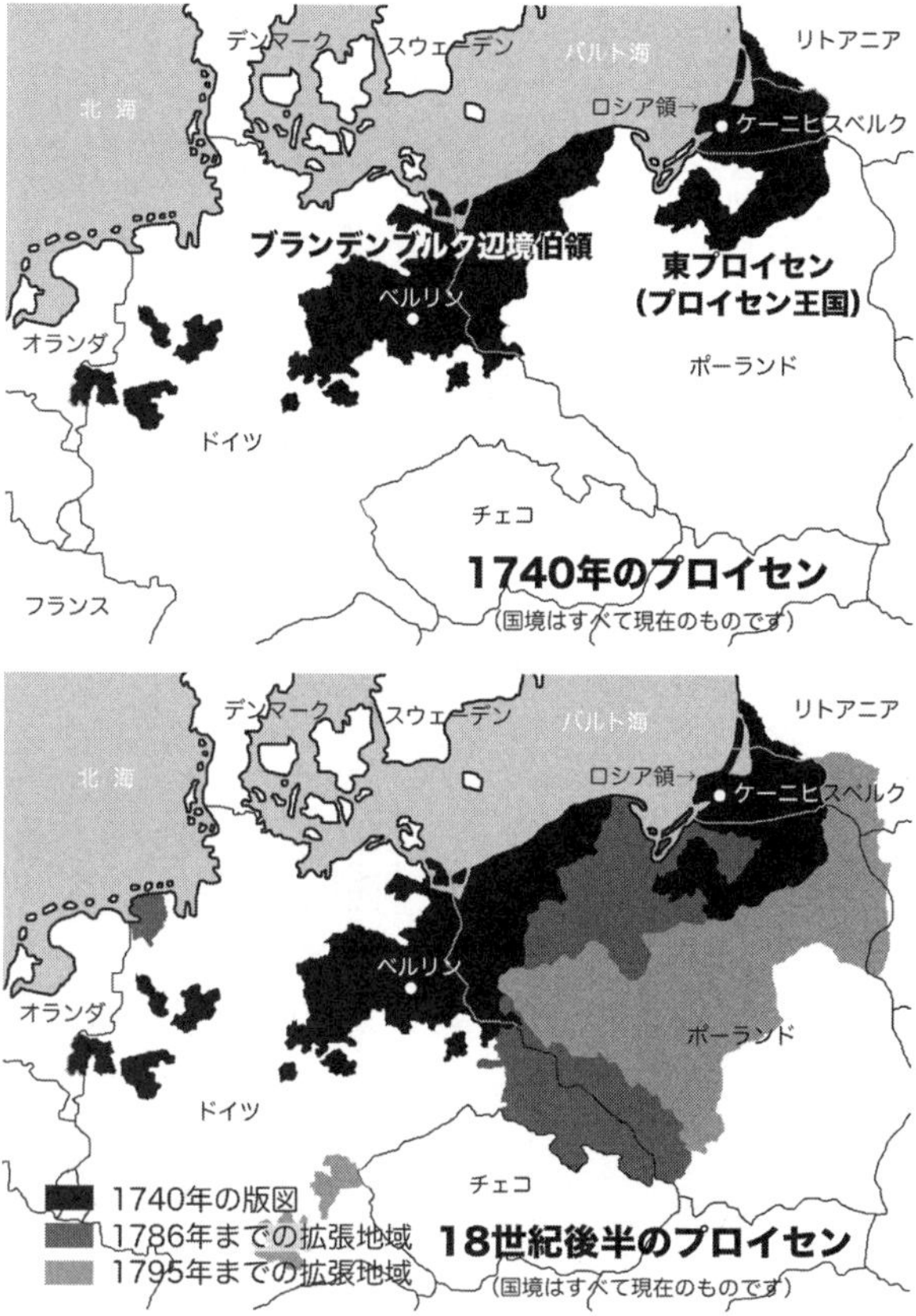
デンマーク
スウェーデン
バルト海
リトアニア
北海
ロシア領→
ケーニヒスベルク
ブランデンブルク辺境伯領
東プロイセン
(プロイセン王国)
ベルリン
オランダ
ポーランド
ドイツ
チェコ
1740年のプロイセン
(国境はすべて現在のものです)
フランス
デンマーク
スウェーデン
バルト海
リトアニア
北海
ロシア領→
ケーニヒスベルク
ベルリン
オランダ
ポーランド
ドイツ
チェコ
1740年の版図
1786年までの拡張地域
1795年までの拡張地域
18世紀後半のプロイセン
(国境はすべて現在のものです)

【図3】プロイセンの版図

ぶことにします。プロイセンは、図3の下の地図に見られますように、次々と領土を拡張します。このプロイセンがのちにドイツ統一を果たしたという話は、世界史の授業で聞かれたのではないでしょうか。

因みに、ケーニヒスベルクを含む東プロイセン北部は、第二次世界大戦でソビエト社会主義共和国連邦（ソビエト連邦、ソ連）に占領され、ポツダム会談によってソビエト連邦領となります。そして、ケーニヒスベルクは、当時のソビエト連邦最高会議幹部会議長のミハイル・イワノウィチ・カリーニン（Михаил Иванович Калинин, 1875–1946）に因んで、「カリーニングラート」（Калининград カリーニンの町。しばしば「カリーニングラード」と表記されますが、実際には「カリーニングラート」に近く発音されます）と改称され、現在はロシア連邦カリーニングラート州の州都となっています。

†両親

カントの父、ヨーハン・ゲオルク・カント（Johann Georg Kandt, 1683–1746）は、馬具職人でした。カントの父方の祖父ハンス・カント（Hans Kandt）はスコットランドから東プロイセンのティルジット（Tilsit）へ移ってきたとカント自身は言っています（このことは彼が残した手紙の草稿に記されています）が、祖父ハンス・カントも祖母（旧姓は「ラインシュ」［Reinsch］です。名前は定かではありません）も、移民ではありません。ありうるとすれば、祖父ではなくて曽祖父リヒャルト・カント（Richard Kandt）かもしれません。しかし、リヒャルト・カントがスコットランド人と関わりがあったことは知られているものの、彼がスコットランドからの移民であったかどうかは定かではありません。

でも、これ、あとで（特に第5章で）出てきますスコットランドの哲学者との関わりなどを念頭に置きますと、ちょっとおもしろそうな話です。もしカントの父方の先祖がスコットランドからの移民だとしますと、ありそうなのは、スコットランドの'Cant'という姓を、ドイツ語圏なので'Kandt'もしくは'Kant'にしたというあたりですが、いずれにしてもカントがスコットランドに自分のルーツの一つがあると考えていたことは確かです。

【図4】カントの生家

カントの母、アナ・レギーナ・カント（Anna Regina Kandt, 1697-1737 旧姓ロイター Reuter）も、馬具職人の家の生まれです。父親はカスパー・ロイター（Caspar Reuter）、母親はレギーナ・ロイター（Regina Reuter）で、カスパー・ロイター（つまりカントにとって母方の祖父）は、ニュルンベルクの出身でした。

ヨーハンとアナは一七一五年に結婚し、先に述べましたように、一七二四年四月二二日にカントが生まれます。ちょうどその日はプロイセンの暦で「エマヌエル」の日にあたっており、カントはそれに因んで「エマヌエル」（Emanuel）という洗礼名を授かります。「エマヌエル」は救世主の名で、もとはヘブライ語で「神（エール）は私たちとともにいます」を意味します。カントはこの名前を気に入っていて、のちにヘブライ語原音により近い表記である「イマヌエル」（Immanuel）に、これを改めています。

両親ともルター派の敬虔なキリスト教徒でした。つましい暮らしの中で、カントは両親から身をもって勤勉、正直、独立心を学んでいます。

†フリードリッヒ学院

一六九八年にケーニヒスベルクに私立学校が設けられます。この学校が一七〇一年に王立学校になり、一七〇三年に国王フリードリッヒ一世に因んで「フリードリッヒ学院」（Collegium Fridericianum　ラテン語としては［古典期のラテン語風に読めば］、「コッレーギウム・フリデリキアーヌム」、ドイツ語風に読むと、「コレーギウム・フリデリツィアーヌム」です。また「フリードリッヒスコレーク」［Friedrichskolleg］等のドイツ語名で呼ばれることもあります）と名づけられました。

一七三〇年、カントは聖ゲオルク病院（St. Georgenhospital）附属学校に入学、読み書きを教わり始めます。ところが、二年後、彼の人生に大きな転機が訪れます。一七三二年、八歳のカントが、右のフリードリッヒ学院に入学することになったのです。

貧しい家庭のカントがフリードリッヒ学院に入学できたのは、ケーニヒスベルク、アルトシュタット教会（Altstädtische Kirche）の牧師でケーニヒスベルク大学神学教授のフランツ・アルバート・シュルツ（Franz Albert Schultz, 1692-1763 一七三三年から一七六三年に逝去するまで学院の院長も務めました）が支援してくれたからです。彼が主催する聖書教室にカントの母が子どもたちを連れて熱心に通っていたことが機縁となって、シュルツはカントの才能を認め、ときには一家の経済的な面も含めて、その支えとなったのです。

【図5】フリードリッヒ学院

学院の教育課程はラテン語教育を中心としたもので、カントはラテン語とラテン文学の充実した教育を受けました。その分野に対するカントの熱意は並大抵のものではなく、この時期の彼を知る人は、カントはいずれは古典文学を専攻するだろうと思っていたほどです。『純粋理性批判』をはじめ、カントのさまざまな著作にラテン文学からの引用があるのも、うなずけるところです。

このフリードリッヒ学院在学中の一七三七年に、カントは母を病気で亡くしています（享年［満］四〇）。このときカントは一三歳でした。

†ケーニヒスベルク大学

一七四〇年、フリードリッヒ学院を卒業した一六歳のカントは、同年九月二四日、ケーニヒスベルク大学に入学します（登録された名前は'Emanuel Kandt'でした）。なお、同年、第二代プロイセン王フリードリッヒ・ヴィルヘルム一世（Friedrich Wilhelm I, 1688–1740 在位 1713–1740）が逝去、子のフリードリッヒ二世（Friedrich II, 1712–1786 在位 1740–1786）が第三代プロイセン王として即位しています。

ケーニヒスベルク大学は、先ほど言及したプロイセン公アルブレヒトが一五四四年に設立した、プロテスタントの「アルブレヒト学院」（ラテン語名 Collegium Albertinum コッレーギウム・アルベルティーヌム）に由来します（ドイツ語名の「アルブレヒト」［Albrecht］は、ラテン語では「アルベルトゥス」［Albertus］となります。その形容詞の中性形が「アルベルティーヌム」［Albertinum］で、「アルベルトゥスの」を意味します。「コッレーギウム」［学院］が中性名詞であるため、それに合わせた中性形になっています。なお、ラテン語では一般に形容詞は修飾する名詞のあとに置かれます）。一七〇一年にプロイセンが王国になって以降の正式名は、「王立アルベルトゥス大学プロイセン・ケーニヒスベルク」（Königliche Albertus-Universität zu Königsberg in Preußen ケーニクリッヒェ・アルベルトゥス＝ウニヴェルジテート・ツー・ケーニヒスベルク・イン・プロイセン）です。「アルベルトゥス大学ケーニヒスベルク」と短く呼ばれたり、ラテン語名 Universitas Albertina（ウーニウェルシタース・アルベルティーナ。この「アルベルティーナ」も「アルベルトゥス」の形容詞形ですが、「ウーニウェルシタース」［大学］が女性名詞であるためそれに合わせて女性形になっています）から、「アルベルティーナ」（Albertina）とも呼ばれています。

図6の地図をご覧ください。真ん中あたりに、川に囲まれた四角い島が見えます。クナイプホーフ（Kneiphof）島と言います。川の名前はプレーゲル（Pregel）川。そのクナイプホーフ島の、東部北寄りに、塔らしきものが見えますよね。これは大聖堂で、これを逆L字型に囲む形で、プレーゲル河畔にケーニヒスベルク大学構内があります。その島の、さらに上（北）のほうに、なんだか大きな、塔のついた建物が描かれていますよね。これがケーニヒスベルク城です。その右手奥には、城の池が続いています。

図7の地図は一八〇九年のもので、カントが亡くなったあとの地図ですが、これで大学の位置がよくわかると思います。

多くの大学がそうであったように、ケーニヒスベルク大学も、一つの基礎学部（哲学部）と三つの「上級学部」（神学部、法学部、医学部）からなっていました。哲学部は、「自由学芸」（ヨーロッパ中世において自由人が学ぶべきとされた教養科目のことで、ラテン語で artes liberales アルテース・リーベラーレースと言います。英語ではリベラル・アーツ liberal arts です。基本は文法、論理学、修辞学の「三科」[trivium トリウィウム]と、算術、幾何学、天文学、音楽の「四科」[quadrivium クァードリウィウム]の七科目で、そのため、「自由七科」

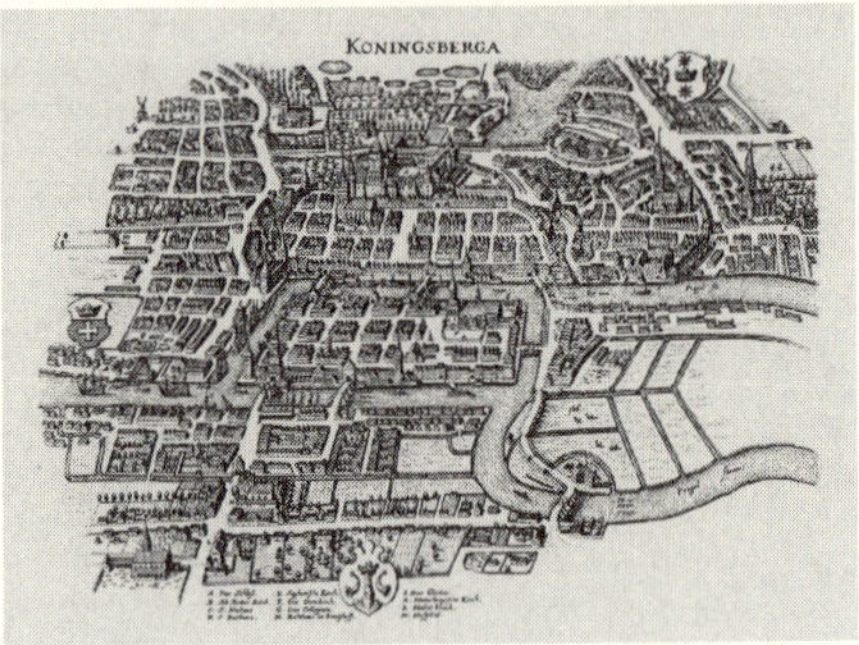

【図6】カントの頃のケーニヒスベルク

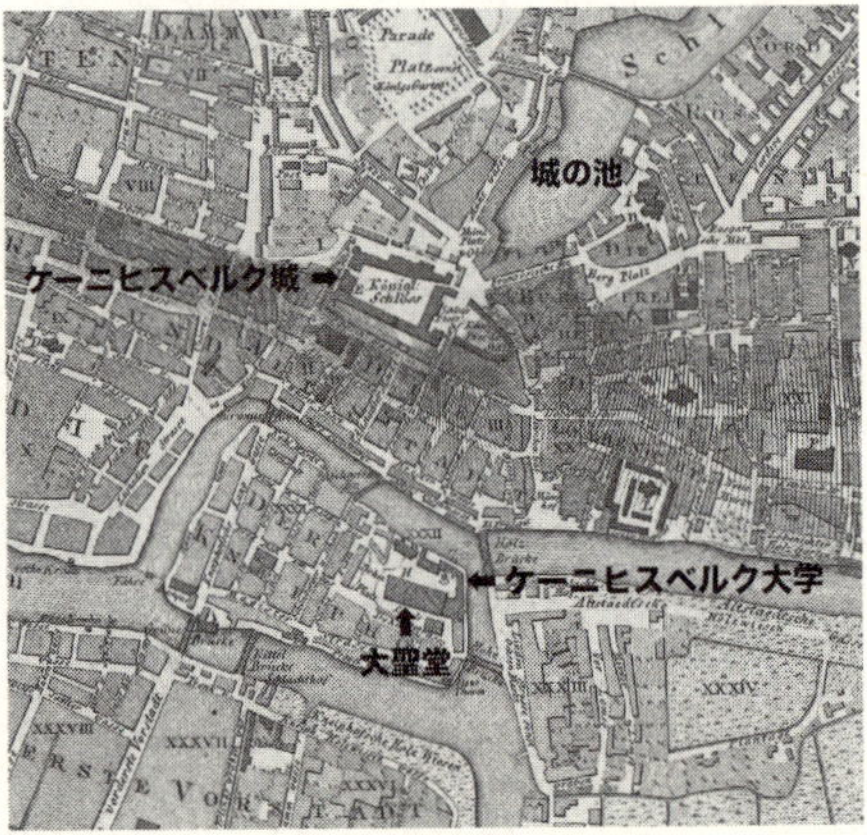

【図7】1809年のケーニヒスベルク

とも言われます）に加えて、自然学、形而上学、道徳哲学（これらは中世の「アリストテレスの復興」によって重要な科目として教授されるようになりました）を教授するという中世以来の伝統を受け継ぐ学部で、ギリシャ語、ヘブライ語、修辞学、歴史学、形而上学から、論理学、数学、物理学に至るまで、幅広い科目が教えられていました。（「哲学」という言葉の用法が今とはずいぶん違うように思われるでしょうね。古代ギリシャの「ピロソピアー」［φιλοσοφία 知恵を愛すること］に由来するこの言葉は、もともと学問の総称だったのです。）

学生は四つの学部のいずれかに属すのですが、どの学部の学生も、まず基礎学部である哲学部で教育を受けなければなりませんでした。

カントは、入学してから六年間、この哲学部で教育を受けています。

†クヌーツェン

ケーニヒスベルク大学に、この時期クヌーツェンという教師がいました。マルティン・クヌーツェン（Martin Knutzen, 1713-1751）。ケーニヒスベルク大学の出身で、一七三四年、二一歳でケーニヒスベルク大学の論理学・形而上学准教授（員外教授）になった人です。一七五一年、わずか三七歳で他界したこのクヌーツェンが、カントに大きな影響を与えることになりました。

クヌーツェンの著書の一つに、カントがケーニヒスベルク大学に入学した年（一七四〇

【図8】1930年頃、ケーニヒスベルク大学の建物をプレーゲル川の対岸から撮影した、絵葉書の写真です。その向こうに大聖堂が見えます。

年）に出版された、『キリスト教の真理の哲学的証明』（*Philosophischer Beweis von der Wahrheit der christlichen Religion* [Königsberg: Johann Heinrich Hartung, 1740]）があります。この本は、イギリスの理神論（理性をよりどころとし、神の世界創造は認めるものの、啓示は認めない立場です）を批判してキリスト教を守ろうとするものですが、この本にも認められるように、クヌーツェンはイギリス思想に強い関心を持っていました。特に彼はロック哲学を重視し、学生にロックの著作を読むよう勧めていました（ロック哲学の内容については、第2章以下でお話しします）。

クヌーツェンについては、もう一つ、見ておかなければならないことがあります。それは、彼の自然科学上の仕事です。

クヌーツェンは、一六九八年に観測された彗星が一七四四年に再び現れることを、一七三八年に予言していました。一七四四年、本当に彗星が現れ、クヌーツェンは一躍時の人となります。彼の予言はアイザック・ニュートン（Isaac Newton, 1642-1727）の太陽系における彗星の楕円軌道の理論に基づくもので、クヌーツェンは同年、彗星に関する本を出版します。それは、表題をすべて訳出すると、『彗星についての合理的考察――その中で、その本性と性質、その運動の仕方と原因とが、考究・提示されるとともに、今年の注目すべき彗星について、簡潔な記述が与えられる』（*Vernünftige Gedanken von den Cometen, darinnen deren Natur und Beschaffenheit nebst der Art und den Ursachen ihrer Bewegung untersuchet und vorgestellet, auch zugleich eine kurze Beschreibung von dem merkwürdigen Cometen des jetztlauffenden Jahres mitgetheilet wird* [Königsberg: Johann Heinrich Hartung, 1744]）というものでした。

クヌーツェンとの出会いと、彗星の一件が、カントに自然科学への目を開かせます。のちほどカントがこの時期、どのような仕事をするかを見ますが、ともかく、クヌーツェンが、当時ドイツで力を持っていた哲学者クリスティアン・ヴォルフ（Christian Wolff, 1679-1754）の影響下にありながら、ロックやニュートンらイギリス人の考えに強い関心を持ち、科学への興味を次の世代に持たせたことは、大きな意味を持っていまし

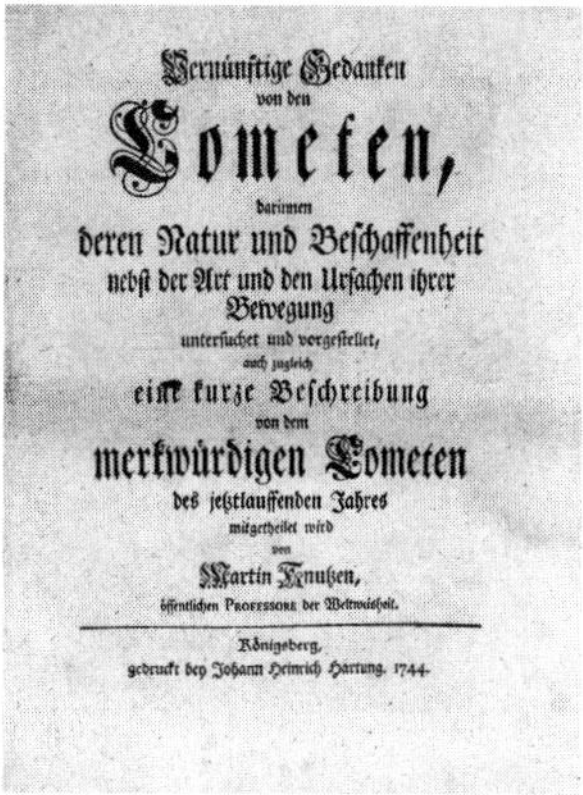
Vernünftige Gedanken
von den
Cometen,
darinnen
deren Natur und Beschaffenheit
nebst der Art und den Ursachen ihrer
Bewegung
untersuchet und vorgestellet,
auch zugleich
eine kurze Beschreibung
von dem
merkwürdigen Cometen
des jetztlauffenden Jahres
mitgetheilet wird
von
Martin Knutzen,
öffentlichen Professore der Weltweisheit.

Königsberg,
gedruckt bey Johann Heinrich Hartung. 1744.

【図 9】クヌーツェン『彗星についての合理的考察』（1744年）の扉

【図10】レオンハルト・オイラー

た。

実のところ、ニュートンの考えを基にしたクヌーツェンの予言とその的中と見えたものについては、それが予言の的中ではなく、別の彗星が現れた結果であるとする反論がすぐに行われます。それを行ったのは、すでにクヌーツェンと交流のあった天才的数学者・天文学者の、レオンハルト・オイラー（Leonhard Euler, 1707–1783）でした。

オイラーは、スイスのバーゼルに生まれ、スイスの数学者ヨハン・ベルヌーイ（Johann Bernoulli, 1667–1748 困ったことに、この人の名前は通常「ヨハン・ベルヌーイ」と表記されるのですが、ドイツ語読みでは「ヨーハン・ベルヌーイ」もしくは「ヨーハン・ベルノリ」に近く、フランス語では Jean Bernoulli で「ジャン・ベルヌイ」に近く発音されます）に才能を見出されて数学に進んだ人で、二十歳のときロシアの「帝国サンクトペテルブルク科学アカデミー」に職を得ています。また一七四一年には、プロイセン王フリードリッヒ二世に請われてプロイセンの学術を牽引すべき「王立プロイセン科学アカデミー」（Königlich-Preußische Akademie der Wissenschaften ケーニクリッヒ＝プロイシッシェ・アカデミー・デ

【図11】1744年の大彗星。アメデ・ギルマン『彗星』(1875年）より。シェゾーが1744年３月８日の夜にローザンヌで観察したもので、６本の尾が描かれています。

ア・ヴィッセンシャフテン）の会員となり、ベルリンに移っていました。

クヌーツェンの予言は、一六五二年に観測された彗星と一六九八年に観測された彗星を同一のものとみなし、その周期を約四六年（四五年九箇月）と考え、一六九八年に四六年を加えた一七四四年にその彗星がもう一度現れるとするものでした。これに対してオイラーは、一七四四年の彗星は四百年以上の周期を持つもので、一六九八年に観測されたものとは別物であることを示しました。しかし、クヌーツェンも彼の周りの人たちも、そのことを気に留めませんでした。そのようなわけで、オイラーの批判はクヌーツェンの科学的知識の限界を示すものでしたが、この批判はクヌーツェン側にはほとんど影響を与えませんでした。

なお、一七四四年に現れた問題の彗星は、実際には一七四三年一一月から一七四四年にかけて観測されたC/1743 X1のことで、「シェゾー彗星」や「クリンケンベルフ彗星」、あるいは「一七四四年の大彗星」と呼ばれています（「シェゾー」[Jean-Philippe Loys de Chéseaux, 1718-1751]も「クリンケンベルフ」[Dirk Klinkenberg, 1709-1799]も発見者の名前です。シェゾーはスイス人。クリンケンベルフはオランダ人で、'Klinkenberg' はオランダ語では「クリンケンベルフ」に近く発音されますので、ここではこれに従っておきます）。また、一六五二年の彗星と一六九八年の彗星は、それぞれC/1652 Y1およびC/1698 R1と命名されています。

†自然科学への関心

ともかく、クヌーツェンからなんらかの影響を受けて、カントは、自然科学の問題に取り組みます。その結果、執筆・出版することになったのが、『生きた力〔活力〕の真の査定についての考察』です。その長い表題をすべて訳すと、『生きた力の真の査定についての考察、および、ライプニッツ氏ら力学者がこの論争において使用してきた証明の評価。物体の力一般について、あらかじめ若干の考察を行う』（*Gedanken von der wahren*

Schätzung der lebendigen Kräfte und Beurtheilung der Beweise, derer sich Herr von Leibnitz und andere Mechaniker in dieser Streitsache bedienet haben, nebst einigen vorhergehenden Betrachtungen, welche die Kraft der Körper überhaupt betreffen [Königsberg: Martin Eberhard Dorn, 1749]）となります。

今日私たちは、常識的に、ニュートンの力の考え方を受け入れています。つまり、物体の質量と加速度の積を、力と考えています。しかし、力をどのように考えるかについては、当時、対立する二つの考えがありました。一つは、ルネ・デカルト（René Descartes, 1596–1650）の、物体の質量と速度の積（つまり運動量）とする考え方で、これに対して一

Gedanken
von der wahren Schätzung
der
lebendigen Kräfte
und
Beurtheilung der Beweise
derer sich
Herr von Leibnitz und andere Mechaniker
in dieser Streitsache
bedienet haben,
nebst einigen vorhergehenden Betrachtungen
welche
die Kraft der Körper überhaupt
betreffen,
durch
Immanuel Kant.

Königsberg,
gedruckt bey Martin Eberhard Dorn. 1746.

【図12】『生きた力の真の査定についての考察』（1749年）の扉

六八六年にゴットフリート・ヴィルヘルム・ライプニッツ（Gottfried Wilhelm Leibniz, 1646–1716）がこれを誤りとし、物体の質量と速度の自乗との積という考えを提示し、両派の間で論争になりました。

論争の対象となっていたのは、運動する物体が持っている力で、ライプニッツはこれをラテン語で'vis viva'（ウィース・ウィーワ）と呼びました。「ウィース」は「力」、「ウィーワ」は「ウィース」が女性名詞であるためそれに合わせた形になっている形容詞で、「生きている」を意味します。つまり、「生きた力」、「活力」です。カントはこれを'lebendige Kraft'（レベンディゲ・クラフト）というドイツ語で表現し、「生きた力」をどのようにして査定するかについての論争に決着をつけようとしたのです。

この問題に対するカントの意欲は並々ならぬもので、彼はその序言の冒頭で、次のように述べています。

私はこの書物を委ねる世の人々が、私が失礼をも顧みず偉大な人々に異議を唱えても、それが罪とみなされることはないとご判断くださるものと確信している。かような冒険的な企てを大いに恐れなければならない時代がかつてあったが、それは今や過去のことであり、幸いにも人間知性は無知と崇拝がかつて人間知性に課した束縛からすでに脱却したと私は思う。今や、もしそれが真理の発見を阻むのであれば、ニュートンやライプニッツのような人々の評判をあえて無視し、知性の導きによる説得にのみ従うことができる。（『生きた力の真の査定についての考察』序言Ⅰ［アカデミー版カント全集第一巻七ページ］）

実際には、カントの論考は他の科学者たちの動向からしていささか遅きに失していることもあり、注目されることはありませんでした（カントはこの本を先ほどのオイラーに送りましたが、返事はなかったようです）。ですが、この自然科学書がカントの最初の著作であったことは、心に留めておく必要があります。

†出版の事情

『生きた力の真の査定についての考察』には、お話ししておかなければならないことがいくつかあります。

まず、本には出版年が「一七四六年」と印刷されていますが、実際に出版されたのは一七四九年のことでした。

そもそも、カントがこの書物の執筆を始めたのは、一七四四年頃と推定されています。しかし、彼の置かれた状況は、けっしてよくありませんでした。一七四四年の末に（カントが二十歳のときでした）父ヨーハンが脳卒中で倒れ、以後カントは長男として一家を支えていかなければなりませんでした。『生きた力の真の査定についての考察』は、そのような苦しい状況の中で準備されたものでした。

一七四六年三月、父ヨーハンが他界します。当時カントには、姉と三人の妹、末の弟がおり（レギーナ・ドロテーア［Regina Dorothea, 1719-?］、マリーア・エリーザベト［Maria Elisabeth, 1727-1796］、アナ・ルイーザ［Anna Luisa, 1730-1774］、カタリーナ・バルバラ［Katharina Barbara, 1731-1807］、ヨーハン・ハインリッヒ［Johann Heinrich, 1735-1800］）、少なくとも下のきょうだいは、まだ誰かの保護を必要とする歳でした。カントは父の死後、家財を売却し、きょうだいの行く末を配慮することに努めました（つまり、家族の離散と、それぞれの行く末の保全を、彼は長男として図らなければならなかったのです）。

そうした状況にありながら、原稿は一七四六年にはほとんどできあがり、同年夏、カントは大学に出版許可を求め、哲学部長のヨーハン・アダム・グレゴローヴィウス（Johann Adam Gregorovius, 1681-1749）からこれを得ています。（大学関係者の出版物の検閲は学部長の仕事の一つで、その検閲を経てはじめて印刷することができました。なお、このとき［検閲の時点で］、カントは自分の名前を'Immanuel Kandt'と綴っています。）

『生きた力の真の査定についての考察』は、自費で出版せざるをえませんでした。一七四七年にカントは若干の加筆を行い、母方のおじの経済的援助を得て、一七四九年にそれはようやく出版の運びとなりました。おじは「リヒター」（Richter）という名の靴職人で、以前から、カントの学費を援助してくれていました。父の死後、カントの弟を引き取ってくれたのもこの人で、カントが大学を去ったあとも、おじの経済的援助は続きました。

もう一つ、この書物の出版に関してお話ししておかなければならないことがあります。それは、なぜこの書物がこのような形で出版されたかです。

カントは大学の課程を修了するための学位論文をこの時点では提出していません。学位論文はラテン語で書かなければならないのですが、ラテン語で書けないはずのないカントがなぜこの最初の著作をドイツ語で書いたのでしょうか。そもそもなぜラテン語で書いて学位論文として提出しなかったのでしょうか。

この問題を考えるためには、一つには、クヌーツェンとの関係を考えておかなければならないようです。

カントが少なくともある時期までクヌーツェンを英雄視し、優れた教師として尊敬していたことは確かです。彼の講義を受け、おそらくは、ニュートンの書物を貸してもらったりしたことも、事実であろうと思われます。けれども、クヌーツェン自身はカントをそれほど評価していなかったと思われる節があります。クヌーツェンがカントよりも少し年上のフリードリッヒ・ヨーハン・ブック（Friedrich Johann Buck, 1722–1786）や、少し年下のヨーハン・フリードリッヒ・ヴァイテンカンプ（Johann Friedrich Weitenkampf, 1726–1758）を評価していたことは、諸種の事実から明らかですが、クヌーツェンがカントを評価していたことを示すものはありません。

カントが学位論文を提出しなかったこと、それでも、それにあたるものをドイツ語で出版したことについては、一つには、ケーニヒスベルク大学の新進気鋭の教師に対する崇敬の念と、自分は評価されていないという否定的な思いがあったのではないかと考えられます。カントは、一七四六年に大学を退学（もしくは休学）しますが、それでもなおドイツ語で最初の書物を出版したのは、将来のことを考えてということとともに、受け入れてもらえない大学関係者に対する異議申し立ての気持ちがあったのかもしれません。実際、先ほど引用した『生きた力の真の査定についての考察』の序言のカントの言葉には、クヌーツェンに対する反感的敬慕とでも言うべきものが重なって見えるように思われるところがあります。独立独歩、自立してやっていくのだという決意が、その書のはしばしに見て取れるのです。

因みに、右に挙げたブックは、いずれ述べますように、ケーニヒスベルク大学の論理学・形而上学正教授のポストをカントと争い、カントを退けてそのポストに就きます。のちにカントは、プロイセン当局に訴えてブックを数学教授のポストに異動させ、自身、その論理学・形而上学正教授のポストに就いています。ヴァイテンカンプについては、カントはあとで取り上げる『宇宙の一般自然史と理論』において、彼を名指しで厳しく批判しています。そして、ブックとヴァイテンカンプを評価したクヌーツェン自身については、カントは自著でその名を挙げることはありませんでした。また、『生きた力の真の査定についての考察』第一章第六節でカントが「ある聡明な著述家」という言い方で批判的に言及している人物は、クヌーツェンのことだと考えられています。

カントが『生きた力の真の査定についての考察』をクヌーツェンの批判者と目されていたオイラーに献本したのも、興味深い事実です。一七四九年八月二三日付のオイラーに宛てた手紙の中で、カントはオイラーに最大の賛辞を述べ、彼に書評を求めています。(手紙は、次にお話しするカントの家庭教師先、ユーチェンから送付されています。)

†家庭教師として

先に述べましたように、フリードリッヒ学院在学中の一七三七年に、カントは母を亡くします。家計は苦しく、大学生のカントは、他の学生の復習教師をし、謝礼をもらって暮らしていました。そうした事情からしても、一七四六年に父を亡くし、大学を退学(もしくは休学)したあと、家庭教師として生計を立てることは、カントにとって難しいことではありませんでした。カントは一七四八年以降数年間、住み込みの家庭教師をして暮らします。

カントの退学(もしくは休学)について、ここで一言だけ述べておきます。カントはのちに(一七五四年に)大学に復帰しますが、退学者が復学する場合に大学に残されるべき記録がありません。このことから、カントは家庭教師として大学を離れていた間も大学に籍を残していたのではないかと考える余地があります。そこで、ここでは「退学（もしくは休学）」としておきます。

さて、カントがはじめに家庭教師を務めたのは、ケーニヒスベルクからプレーゲル川をずっと遡ったところにあるユーチェン（Judtschen）という村のカルヴァン派の牧師、ダニエル・エルンスト・アンデルシュ（もしくは「ダニエル・エアンスト・アンダーシュ」Daniel Ernst Andersch, 1701-1771）の家でした。ユーチェンはスイスからの移民を受け入れて作られた（フランス語を話す人が多い）村で、カントは一七四八年から一七五一年頃までアン

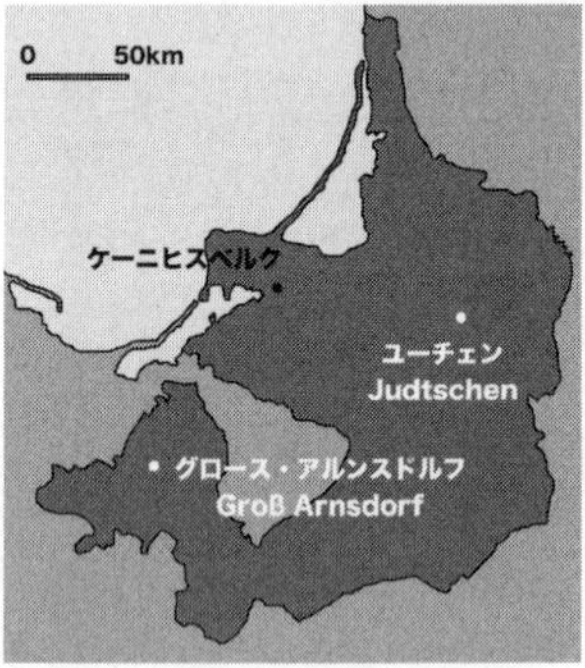

【図13】カントの家庭教師先

【図14】カイザーリンク伯爵夫人の描いたカントの肖像画

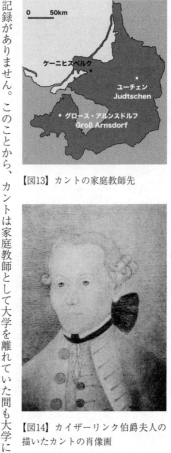

デルシュ牧師の家に寄宿して、彼の五人の子どものうち、下の三人の教育にあたりました。

カントが一七四八年にその地で二度名親を務めたことが、洗礼記録に残っています。彼の肩書きは、'studiosus philosophiae'（ストゥディオースス・ピロソピアエ、「哲学生」という意味です）と記されています。カントが名親を務めた子の一人はサミュエル（Samuel）というフランス語名で（日付は一七四八年一〇月二三日です）、村の教師ジャン・ジャック・シャレ（Jean Jacques Challet, 1686–1771）の子でした。シャレは、一七一四年頃から一七五四年頃までその村の教師を務めていました。このことから、カントはこの時期、シャレの助手をしながらアンデルシュ家の家庭教師をしていたとも考えられています。

ユーチェンは、カントのこの滞在に因んで、一九三八年から一九四六年まで「カントハウゼン」（Kanthausen）と呼ばれ、牧師館も「カントハウス」（Kanthaus）と呼ばれていました。現在はカリーニングラート州ヴェショロフカ（Весёловка）として、ロシア連邦の一部となっています。

カントが次に家庭教師を務めたのは、グロース・アルンスドルフ（Groß Arnsdorf）の貴族、ベルンハルト・フリードリッヒ・フォン・ヒュルゼン（Bernhard Friedrich von Hülsen, 1701–1763）家でした。カントはここでも三人の子どもの家庭教師を務め、同家との交流はカントがケーニヒスベルクに戻ったあとも続きます。グロース・アルンスドルフは、現在では「ヤルノウトヴォ」（Jarnołtowo）として、ポーランドに帰属しています。

カントの三つ目の家庭教師先は、ケーニヒスベルクのヨーハン・ゲープハルト・フォン・カイザーリンク（Johann Gebhardt von Keyserlingk, 1699-1761）伯爵家でした。一七五四年にカントがケーニヒスベルクに戻ってからのことで、ケーニヒスベルク大学で学ぶ伯爵家の子息を教えたと推定されています。

伯爵の三人目の妻カロリーネ・シャルロッテ・アマーリエ・フォン・カイザーリンク（Caroline Charlotte Amalie von Keyserlingk, 1727-1791）は、カントの最初の肖像画を描いた人で、カロリーネが夫に先立たれて二年後にハインリッヒ・クリスティアン・フォン・カイザーリンク（Heinrich Christian von Keyserlingk, 1727-1787）と再婚したあとも、カントと同家の親密な関係は長く続いています。

†二つの論文

この家庭教師時代に、カントは子どもたちの教育に努めながら、その一方でずっとケーニヒスベルク大学への復帰を心の中で思い続けていたと思われます。彼は、のちに公刊される論著の準備を、この時期に着実に進めていました。一七五四年八月に彼がケーニヒスベルクに戻ったとき、すでにクヌーツェンはおらず（一七五一年逝去）、かつての学友の多くがそこを去っていました。

その年（一七五四年）の六月、カントは二つの論文を相次いで『週刊ケーニヒスベルク学術事報』（*Wöchentliche Königsbergische Frag- und Anzeigungs-Nachrichten* ヴェッヒェントリッヒェ・ケーニヒスベルギッシェ・フラーク・ウント・アンツァイグングス・ナーハリヒテン）に投稿、これを公刊しています（同誌は一八世紀に発行された、ケーニヒスベルクの代表的な定期刊行物です）。

カントが投稿した論文は、一つは、「王立ベルリン科学アカデミーが今年の懸賞課題とした問いの研究」（'Untersuchung der Frage, welche von der Königl. Academie der Wissenschaften zu Berlin zum Preise vor das jetztlaufende Jahr aufgegeben worden'）というものでした。しかし、これでは「問い」の内容がわかりませんので、それを補って、通常次のように表記されています。「地球はその最初の始まり以来、昼と夜の交替をもたらすその自転において、なんらかの変化を被ったか、また、それは何によって確認できるかという、王立ベルリン科学アカデミーが今年の懸賞課題とした問いの研究」（'Untersuchung der Frage, ob die Erde in ihrer Umdrehung um die Achse, wodurch sie die Abwechselung des Tages und der Nacht hervorbringt, einige Veränderung seit den ersten Zeiten ihres Ursprungs erlitten habe und woraus man sich ihrer versichern könne, welche von der Königl. Akademie der Wissenschaften zu Berlin zum Preise für das jetztlaufende Jahr aufgegeben worden'）。要するに「地球はその自転においてなんらかの変化を被ったかという問いの研究」で、先にオイラーの件で触れた「王立プロイセン科学アカデミー」（ここでは「王立ベルリン科学アカデ

ミー」と表現されています）が一七五二年に懸賞論文の課題として発表した「地球の自転は変化したか」という問い（懸賞論文の当初の締め切りは一七五四年でした）に、答えようとしたものです。

カントはこれに応募することはせず、論文は、『週刊ケーニヒスベルク学術事報』の二三号（六月八日）と二四号（六月一五日）に、二回に分けて掲載されました。なお、懸賞論文の締め切りは、同年六月六日（カントの論文が『週刊ケーニヒスベルク学術事報』に掲載される直前）に、一七五六年まで延長されていました。

その論文の最後には、今後出版されるであろう自身のある著作への言及があります。そこに記されているその著作の表題は、実際に刊行されたものとは異なりますが、あとで取り上げる『宇宙の一般自然史と理論』のことに違いありません。つまり、この論文は、自身の第二の著書を予告する役割をも果たしているのです。

カントが同じ一七五四年に『週刊ケーニヒスベルク学術事報』に掲載したもう一つの論文は、「地球が老化しているかどうかを、物理学的観点から考察する」（'Die Frage: ob die Erde veralte? Physikalisch erwogen'）というもので、これは同年八月から九月にかけて、同誌の三二号から三七号に六回にわたって掲載されました（三二号は八月一〇日、三三号は八月一七日、三四号は八月二四日、三五号は八月三一日、三六号は九月七日、三七号は九月一四日に刊行されています）。この論文も、王立プロイセン科学アカデミーのかつての懸賞課題に

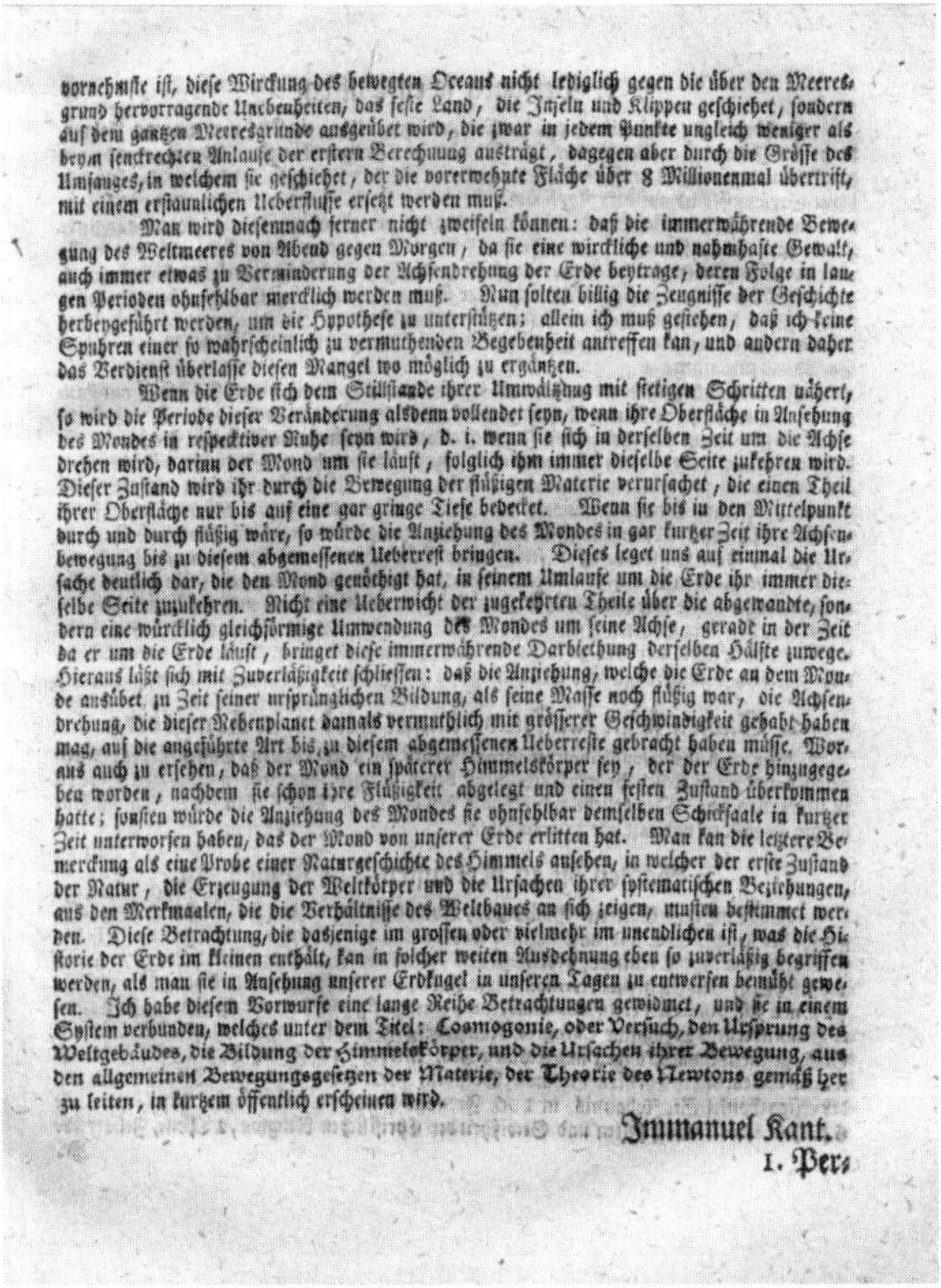

vornehmste ist, diese Wirckung des bewegten Oceans nicht lediglich gegen die über den Meeresgrund hervorragende Unebenheiten, das feste Land, die Inseln und Klippen geschiehet, sondern auf dem gantzen Meeresgrunde ausgeübet wird, die zwar in jedem Punkte ungleich weniger als beym senckrechten Anlaufe der erstern Berechnung austrägt, dagegen aber durch die Grösse des Umfanges, in welchem sie geschiehet, der die vorerwehnte Fläche über 8 Millionenmal übertrift, mit einem erstaunlichen Ueberflusse ersetzt werden muß.

Man wird diesemnach ferner nicht zweifeln können: daß die immerwährende Bewegung des Weltmeeres von Abend gegen Morgen, da sie eine wirckliche und nahmhafte Gewalt, auch immer etwas zu Verminderung der Achsendrehung der Erde beytrage, deren Folge in langen Perioden ohnfehlbar merklich werden muß. Nun solten billig die Zeugnisse der Geschichte herbeygeführt werden, um die Hypothese zu unterstützen; allein ich muß gestehen, daß ich keine Spuhren einer so wahrscheinlich zu vermuthenden Begebenheit antreffen kan, und andern daher das Verdienst überlasse diesen Mangel wo möglich zu ergäntzen.

Wenn die Erde sich dem Stillstande ihrer Umwältzung mit stetigen Schritten nähert, so wird die Periode dieser Veränderung alsdenn vollendet seyn, wenn ihre Oberfläche in Ansehung des Mondes in respecktiver Ruhe seyn wird, d. i. wenn sie sich in derselben Zeit um die Achse drehen wird, darinn der Mond um sie läuft, folglich ihm immer dieselbe Seite zukehren wird. Dieser Zustand wird ihr durch die Bewegung der flüßigen Materie verursachet, die einen Theil ihrer Oberfläche nur bis auf eine gar gringe Tiefe bedecket. Wenn sie bis in den Mittelpunkt durch und durch flüßig wäre, so würde die Anziehung des Mondes in gar kurtzer Zeit ihre Achsenbewegung bis zu diesem abgemessenen Ueberrest bringen. Dieses leget uns auf einmal die Ursache deutlich dar, die den Mond genöthigt hat, in seinem Umlaufe um die Erde ihr immer dieselbe Seite zuzukehren. Nicht eine Ueberwicht der zugekehrten Theile über die abgewandte, sondern eine würcklich gleichförmige Umwendung des Mondes um seine Achse, gerade in der Zeit da er um die Erde läuft, bringet diese immerwährende Darbiethung derselben Hälfte zuwege. Hieraus läßt sich mit Zuverläßigkeit schliessen: daß die Anziehung, welche die Erde an dem Monde ausübet, zu Zeit seiner ursprünglichen Bildung, als seine Masse noch flüßig war, die Achsendrehung, die dieser Nebenplanet damals vermuthlich mit grösserer Geschwindigkeit gehabt haben mag, auf die angeführte Art bis zu diesem abgemessenen Ueberreste gebracht haben müsse. Woraus auch zu ersehen, daß der Mond ein späterer Himmelskörper sey, der der Erde hinzugegeben worden, nachdem sie schon ihre Flüßigkeit abgelegt und einen festen Zustand überkommen hatte; sonsten würde die Anziehung des Mondes sie ohnfehlbar demselben Schicksaale in kurtzer Zeit unterworfen haben, das der Mond von unserer Erde erlitten hat. Man kan die letztere Bemerckung als eine Probe einer Naturgeschichte des Himmels ansehen, in welcher der erste Zustand der Natur, die Erzeugung der Weltkörper und die Ursachen ihrer systematischen Beziehungen, aus den Merkmaalen, die die Verhältnisse des Weltbaues an sich zeigen, musten bestimmet werden. Diese Betrachtung, die dasjenige im grossen oder vielmehr im unendlichen ist, was die Historie der Erde im Kleinen enthält, kan in solcher weiten Ausdehnung eben so zuverläßig begriffen werden, als man sie in Ansehung unserer Erdkugel in unseren Tagen zu entwerfen bemüht gewesen. Ich habe diesem Vorwurfe eine lange Reihe Betrachtungen gewidmet, und sie in einem System verbunden, welches unter dem Titel: Cosmogonie, oder Versuch, den Ursprung des Weltgebäudes, die Bildung der Himmelskörper, und die Ursachen ihrer Bewegung, aus den allgemeinen Bewegungsgesetzen der Materie, der Theorie des Newtons gemäß herzuleiten, in kurtzem öffentlich erscheinen wird.

Immanuel Kant.

I. Per-

【図15】論文「地球はその自転においてなんらかの変化を被ったかという問いの研究」（『週刊ケーニヒスベルク学術事報』1754年第24号）の最終ページ。最後の４行に出版予定の著書名を読むことができます。

対応したテーマとなっています。

† 『宇宙の一般自然史と理論』

右の一つ目の論文「地球はその自転においてなんらかの変化を被ったかという問いの研究」の最後に予告されていたカントの二冊目の著書の表題は、『宇宙生成論、もしくは、宇宙の起源、天体の形成、天体の運動の原因を、ニュートンの理論に従って物質の一般運動法則から導出する試み』（*Cosmogonie, oder Versuch, den Ursprung des Weltgebäudes, die Bildung der Himmelskörper, und die Ursachen ihrer Bewegung, aus den allgemeinen*

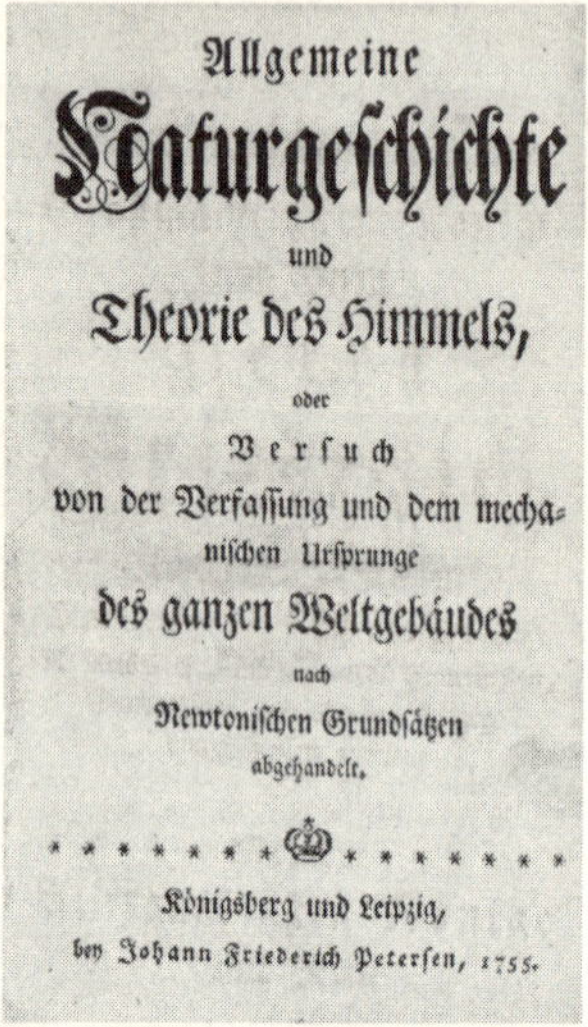
Allgemeine
Naturgeschichte
und
Theorie des Himmels,
oder
Versuch
von der Verfassung und dem mecha-
nischen Ursprunge
des ganzen Weltgebäudes
nach
Newtonischen Grundsätzen
abgehandelt.

Königsberg und Leipzig,
bey Johann Friederich Petersen, 1755.

【図16】『宇宙の一般自然史と理論』（1755年）の扉

Bewegungsgesetzen der Materie, der Theorie des Newtons gemäß her zu leiten）となっていました。

翌一七五五年、カントはこれを『宇宙の一般自然史と理論』として出版します。表題は、

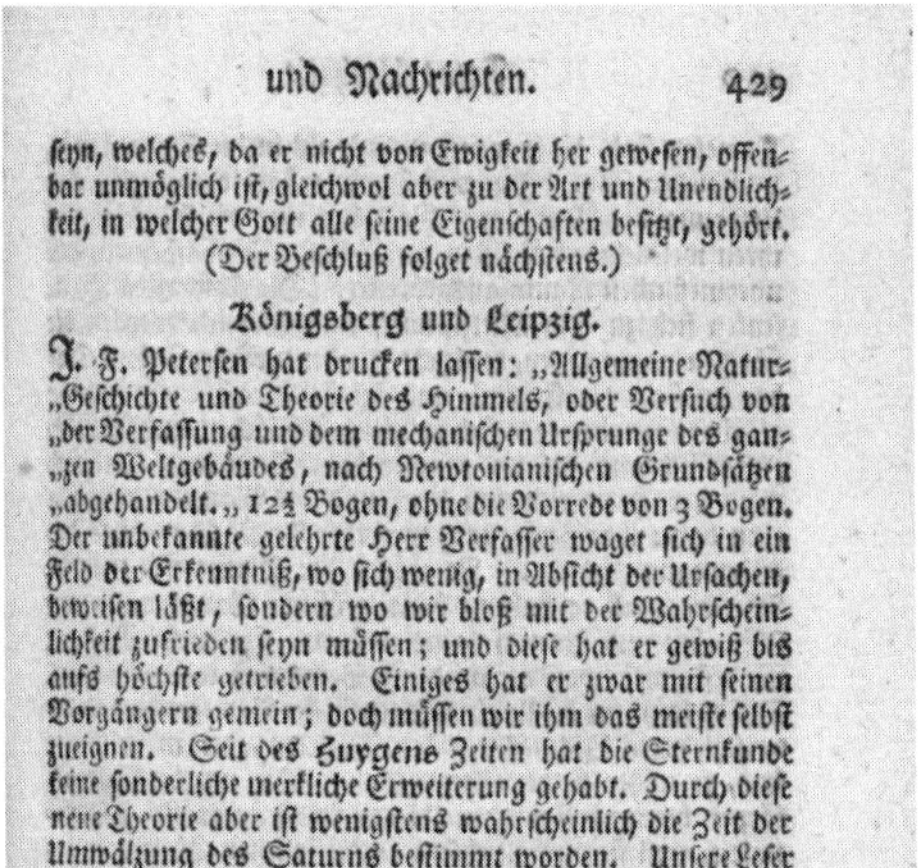

und Nachrichten. 429

seyn, welches, da er nicht von Ewigkeit her gewesen, offenbar unmöglich ist, gleichwol aber zu der Art und Unendlichkeit, in welcher Gott alle seine Eigenschaften besitzt, gehört.

(Der Beschluß folget nächstens.)

Königsberg und Leipzig.

J. F. Petersen hat drucken lassen: „Allgemeine Natur-„Geschichte und Theorie des Himmels, oder Versuch von „der Verfassung und dem mechanischen Ursprunge des gan-„zen Weltgebäudes, nach Newtonianischen Grundsätzen „abgehandelt.„ 12½ Bogen, ohne die Vorrede von 3 Bogen. Der unbekannte gelehrte Herr Verfasser waget sich in ein Feld der Erkenntniß, wo sich wenig, in Absicht der Ursachen, beweisen läßt, sondern wo wir bloß mit der Wahrscheinlichkeit zufrieden seyn müssen; und diese hat er gewiß bis aufs höchste getrieben. Einiges hat er zwar mit seinen Vorgängern gemein; doch müssen wir ihm das meiste selbst zueignen. Seit des Huygens Zeiten hat die Sternkunde keine sonderliche merkliche Erweiterung gehabt. Durch diese neue Theorie aber ist wenigstens wahrscheinlich die Zeit der Umwälzung des Saturns bestimmt worden. Unsere Leser werden sich bloß hieraus schon einen Begriff von der Vorzüglichkeit des Werks machen können, da man aus einer Hypothese so schon bestimmte Schlüsse hergeleitet. Der Raum verbietet uns, einen ausführlichen Auszug zu geben; jedoch können wir nicht unterlassen, unsern Lesern einige Sätze mitzutheilen. Die Fixsterne bringt er in eine ähnliche systematische Verfassung, als unser Sonnen-Gebäude ist, indem sie sich gegen eine gewisse Fläche mehr gehäuft befinden. Diese, glaubt er, sey durch die Milchstraße bestimmt. Hierinn findet sich auch ein vester Punkt, um welchen sich alle Fixsterne bewegen; welches zwar anstößig, doch wahrscheinlich ist. Denn wenn gleich der Syrius sich um unsere Sonne bewegte, so wird er doch in 4000 Jahren kaum 1 Grad zurück legen. So lange haben wir noch keine Stern-Beobachtungen; daher scheinen sie sich nicht zu bewegen. Aus der Eccentricität folgert er, daß es noch mehrere Planeten außer dem Saturn gebe, die zu unserer Sonne gehören, und die Mitteldinge zwischen Planeten und Ko-

【図17】『自由批評通信』1755年第54号（7月15日付）429ページ。『宇宙の一般自然史と理論』の書評の冒頭部分で、上から三分の一ほどのところに「無名の学者」にあたる言葉が出てきます。

すべてを訳すと、『宇宙の一般自然史と理論、もしくは、ニュートンの原理に従って論じられた、全宇宙の構成と力学的起源についての試論』(*Allgemeine Naturgeschichte und Theorie des Himmels, oder Versuch von der Verfassung und dem mechanischen Ursprunge des ganzen Weltgebäudes nach Newtonischen Grundsätzen abgehandelt* [Königsberg and Leipzig: Johann Friederich Petersen, 1755]) です。表題の示すとおり、ニュートンの原理に従って、力学的観点から、宇宙、特に太陽系がどのようにして形成されるに至ったかについて、自らの見解を叙述したものです。

ところで、『宇宙の一般自然史と理論』は、匿名で出版されています。当時ハンブルクで刊行されていた『自由批評通信』(*Freye Urtheile und Nachrichten* フライエ・ウアタイレ・ウント・ナーハリヒテン) 一七五五年第五四号 (七月一五日付) 四二九ページ以下にこの本の書評が掲載されていますが、そこでも著者は「無名の学者」となっています (図17参照)。この本の出版を予告した論文「地球はその自転においてなんらかの変化を被ったかという問いの研究」が署名入りであることから、書名に若干の違いがあっても、著者が誰であるかは容易に推測できそうなものです。この件についていろいろ取り沙汰されてはいるものの、真相は明らかではありません。保守的な人々が眉をひそめかねない斬新なテーマを扱っていることの持つ危うさを、ある程度まで考慮してのことかもしれませんし、大学への復帰の手続きを進めていた時期ですから、まったく別の意図で (例えばより多くの注目を集めるために）あえてそうしたのかもしれません。あとで述べますように、彼は生きていくためにできるだけ多くの学生に注目される必要があったのです。

†星雲説

この『宇宙の一般自然史と理論』は、出版社の倒産のため、準備された刊本の多くが差し押さえられた上に、倉庫が火災に遭うという不運に見舞われました。そうした事情から、『自由批評通信』に書評が掲載されはしたものの、また、翌年（一七五六年）ケーニヒスベルクの別の出版業者（Johann Friedrich Driest ヨーハン・フリードリッヒ・ドリースト）がいくらかを頒布するということがあったものの、ほとんど知られることはありませんでした。もとより、その時点では、他の科学者に注目されることもありませんでした。

そのようなわけで、科学史的には、この書物に書かれていること自体が同時代の科学者に直接影響を与えてその発展につながったということはありません。

ところが、この書物に書かれていることは、のちに「カント・ラプラスの星雲説」（英語ではKant-Laplace nebular hypothesis）という言い方で語られるようになり、「ラプラスはカントの説を発展させた」と（誤解を招く仕方で）言われることさえあります。そこで、この点について少し述べておきたいと思います。

†ラプラスの説

ピエール＝シモン・ド・ラプラス（Pierre-Simon de Laplace, 1749–1827）は、フランスを代表する数学者・物理学者・天文学者の一人で、さまざまな業績を残しました。その彼の業績の中に、いわゆる「星雲説」があります。一七九六年に出版された『宇宙体系の解説』（*Exposition du système du monde* [Paris: Imprimerie du Cercle-Social, 1796]）の最終巻（第五巻第六章「宇宙体系と、天文学の将来の進歩についての考察」[Considérations sur le Système du monde, et sur les progrès futurs de l'astronomie]と、これに付された注解七［Note VII et dernière]）に出てきます。

太陽系の生成については、フランスの博物学者ジョルジュ＝ルイ・ルクレール・ド・ビュフォン（Georges-Louis Leclerc de Buffon, 1707–1788）が、『自然の諸時代』（*Les époques de la nature* [Paris: Imprimerie Royale, 1778]）等において、彗星が太陽に斜めに衝突することによって形成されたという見解を出していました。ラプラスはこのビュフォンの見解に反対して自説を表明します。

『宇宙体系の解説』の該当箇所におけるラプラスの論述は、太陽系の構成を概観し、他の惑星にも生物のいる可能性があると論じるところから始まります。そして、太陽系において、惑星は太陽を中心としてほとんど同じ平面上を同じ向きに公転しており、どの衛星

【図18】ピエール＝シモン・ド・ラプラス

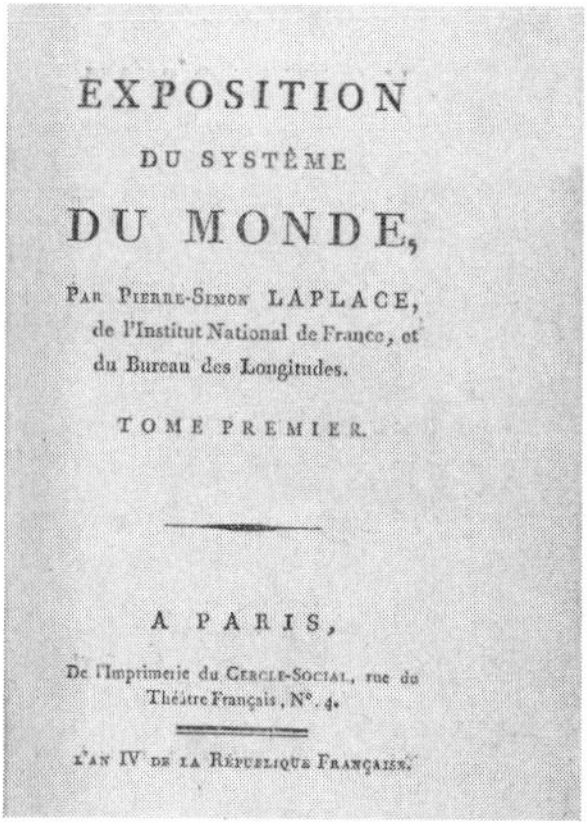
EXPOSITION
DU SYSTÈME
DU MONDE,
PAR PIERRE-SIMON LAPLACE,
de l'Institut National de France, et
du Bureau des Longitudes.
TOME PREMIER.

A PARIS,
De l'Imprimerie du CERCLE-SOCIAL, rue du
Théâtre Français, N°. 4.
L'AN IV DE LA RÉPUBLIQUE FRANÇAISE.

【図19】ラプラス『宇宙体系の解説』（1796年）の扉

もそれぞれの中心となる惑星の周りを同じ向きに、しかも惑星の公転平面とほとんど同じ平面を回っており、また、太陽も、惑星も、それらの衛星も、同じ向きに自転していること、そして、彗星の離心率（軌道が円から離れている度合い）が大きいことを確認します。

　こうしたことからラプラスは、太陽の周りにはその高熱の結果として太陽を中心に回転するきわめて広大な大気が存在したとします。この広大な太陽大気の発生を、ラプラスは、一五七二年にデンマークの観測家ティコ・ブラーエ（Tycho Brahe, 1546–1601 デンマーク語としては「チュコ・ブラーア」に近く発音されます）が観測した超新星（今日 SN 1572 と呼ばれているもの。SN は supernova 超新星のことです）の爆発になぞらえて説明しています。そして、その巨大な大気が回転を続けながら凝縮することによって、太陽の赤道平面上に、次々と惑星や衛星が形成された、と考えるのです。

†カントの見解

それでは、『宇宙の一般自然史と理論』の中でカントが提示した「星雲説」的見解は、どのようなものだったのでしょうか。

『宇宙の一般自然史と理論』は、三部からなるのですが、その中で特にその話題と関わるのは、第二部の、第一章と第四章と第七章です。

その第二部第一章で、カントはまず、太陽系の惑星が、すべて、それらの「公転を引力によって支配している」太陽の回転方向と同じ方向に公転していて、しかもそれらの軌道は、太陽の赤道平面からあまり外れていないところにあることを確認します。

続いて彼は、宇宙が創造されたとき、宇宙空間は要素的な材料に満たされ、カオス状態になっていたと想定します。ここに、ニュートンの言う「引力」が働きます。要素には多様な種類があり、そのうち密度が大きく強い引力を持つものは、自分の周りから比重の小さい物質を集め始めます。それとともに、物質間に「斥力」が働き、これによって引力点へと向かう運動方向が直線から側方へと変化し、これによって引力点へと向かう運動が全体として円運動になると言うのです。

太陽系の場合、最も強力な引力の働く要素を中心に周囲の要素が集まり、そこにまず一つの物体が形成されます。これが太陽のもとになる物体です。この物体が周囲の要素を集めるとき、先の斥力の考え方により、引きつけられる粒子の方向が側方へと変化し、こうして中心の物体を囲む巨大な渦巻きが形成されます。この渦巻きの中で、太陽を中心に回転する諸粒子は、太陽の赤道平面上に集まり、ディスク状になります。

そして、その回転するディスク状の要素の集合体の中で、引力の強い要素が周囲の要素を集め、物体を形成していきます。こうして、惑星が形成されるとカントは考えるのです。

第二部第四章では、衛星の起源と惑星の自転が論じられます。ここでも、先ほどの太陽について適用された考えが用いられます。今度は、それぞれの惑星のもととなる引力の強い要素が周囲の要素を集めるとき、先ほどと同じようなことが起こり、今度は惑星自身の自転とともに、衛星が形成されるというのです。

第二部第七章では、カントはさらに、恒星の集合体である恒星系がどのように生じたかを論じます。ここでも中心となる物体を考え、新たな宇宙が絶えず形成されていることを説きます。

ついでながら、『宇宙の一般自然史と理論』第三部では、カントは他の惑星に異星人が存在する可能性を論じています。

†ニュートンへの不満

というわけで、カントとラプラス、考えていることが似ていますよね。

ところで、カントの『宇宙の一般自然史と理論』は、太陽系の起源を説くいわゆる「星雲説」だけを論じているものではありません。重要なことの一つは、彼が、銀河を恒星の円盤状の集合体とみており、さらに星雲が銀河と同様の恒星の集合体であるとするところです。太陽系から始めて、こうした複数の「世界」の存在に至るまで、すべてをニュートンの力学原理で説明しようとするところに、大きな特徴があります。

カントは、ニュートンが、今あるような宇宙を神が用意したとするのに不満でした。それなら、宇宙はもっと整然としていてよさそうなものですが、例えば太陽系の惑星の軌道は微妙にずれていますし、彗星の軌道はそのずれがしばしば際立って大きいのです。これをすべて神に帰することにカントは強い違和感を感じ、そうした状態に至るまでの宇宙の生成について、初期の状態とニュートンの力学的原理だけで説明するものが必要であると考え、仮説的にそれを示してみせたのです。

†ランベルトと要約の刊行

ところで、そもそもカントの『宇宙の一般自然史と理論』は、出版社の倒産のため、ほとんど出回らなかったですよね。ところが、その出版からしばらくして、ヨーハン・ハインリッヒ・ランベルト（Johann Heinrich Lambert, 1728-1777）が、銀河や複数の世界の存在について、カントと似た見解を提示します。

ランベルトはスイス生まれの科学者で、「王立プロイセン科学アカデミー」に招かれ、先に言及したオイラーの友人になった人です。地図に関心がおありの方には、「ランベルト正積方位図法」などの投影法でも知られています。

ランベルトが右に言うカントの見解に近いものを示すのは、一七六一年出版の、『宇宙の構造についての宇宙論的書簡』（*Cosmologische Briefe über die Einrichtung des Weltbaues*

【図20】ランベルト『宇宙の構造についての宇宙論的書簡』（1761年）の扉

[Augsburg: Eberhard Kletts Wittib, 1761]）です。これを知ったカントは、あとで触れる『神の存在を論証するための唯一可能な証明根拠』（一七六二年刊）に、第二部第七考察として「宇宙生成論」（Cosmogonie コスモゴニー）という、『宇宙の一般自然史と理論』の要約を入れます。すると、これを知ったランベルトが、一七六五年にカントに書簡を送り、カントの宇宙論は知らなかったこと、自分の構想は一七四九年にまで遡るものであることを告げ、それが機縁となって、両者の間で交流が始まります。

あとの話になりますが、ランベルトはカントが『純粋理性批判』（一七八一年）を献呈しようと（つまり彼に宛てた献辞を載せようと）考えていた人でした。実際にはランベルトがその本の公刊以前に（一七七七年に）亡くなったため、それは実現しませんでした。

†再刊とラプラス

このように、ランベルトとの関わりの中で一七六〇年代に『宇宙の一般自然史と理論』の要約が公表されることはあったものの、カントの考えが広く知られるようになったのは、一七九〇年代に、いくつかの仕方で、『宇宙の一般自然史と理論』が再び公刊されるようになってからでした。それはまず、ドイツ出身のイギリスの科学者フレデリック・ウィリアム・ハーシェル（Frederick William Herschel, 1738–1822 ドイツ語名 Friedrich Wilhelm Herschel フリードリッヒ・ヴィルヘルム・ハーシェル。音楽の仕事でも知られる人ですが、天王星の発見で名前を聞かれた方も多いと思います）の「宇宙の構造について」（'On the Construction of the Heavens', *Philosophical Transactions of the Royal Society of London*, 75 [1785], pp. 213–266）をはじめとする三つの論文のドイツ語訳に、カントの『宇宙の一般自然史と理論』の抜粋が付録として付されるところから始まります（William Herschel, Doctor der Rechte, und Mitglied der königlichen Gesellschaft der Wissenschaften zu London, *Über den Bau des Himmels: Drey Abhandlungen aus dem Englischen übersetzt, Nebst einem authentischen Auszug aus Kants allgemeiner Naturgeschichte und Theorie des Himmels*, trans. G. M. Sommer [Königsberg: Friedrich Nicolovius, 1791]）。この論文集の出版によってカントの

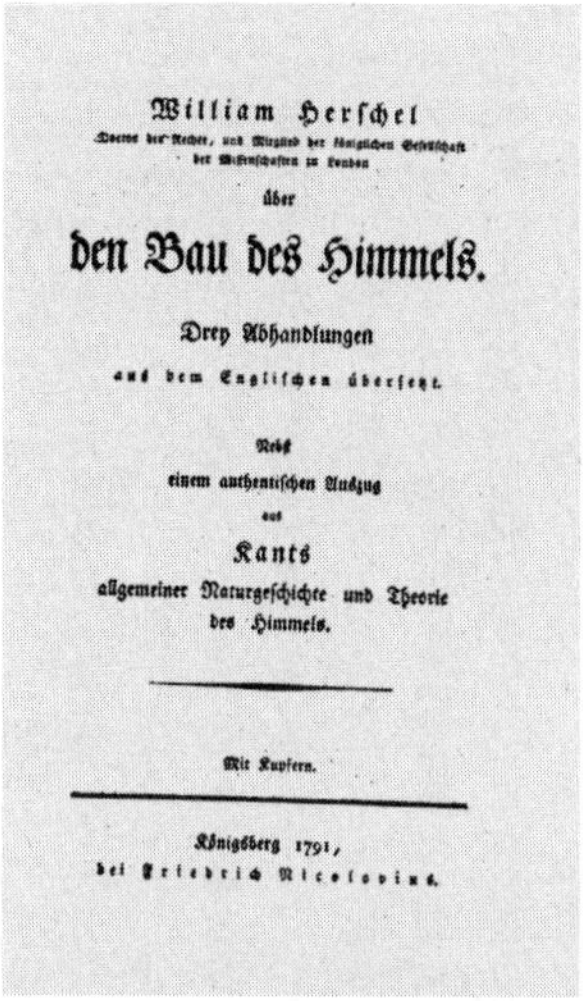

William Herschel
Doctors der Rechte, und Mitglied der königlichen Gesellschaft
der Wissenschaften zu London

über

den Bau des Himmels.

Drey Abhandlungen
aus dem Englischen übersetzt.

Nebst
einem authentischen Auszug
aus
Kants
allgemeiner Naturgeschichte und Theorie
des Himmels.

Mit Kupfern.

Königsberg 1791,
bei Friedrich Nicolovius.

【図21】ハーシェル『宇宙の構造について』（1791年）の扉

『宇宙の一般自然史と理論』を世に知らしめようとしたのは、カントの若い友人で、のちにケーニヒスベルク大学の数学教授となる、ヨーハン・フリードリッヒ・ゲンジヒェン（Johann Friedrich Gensichen, 1759-1807）でした。カントはこの世を去るにあたり、ゲンジヒェンに蔵書を託すなど、ゲンジヒェンに多大の信頼を寄せていました。それはともかく、この論文集の出版がきっかけとなって、一七九七年以降、『宇宙の一般自然史と理論』の全文が、いくつかの版によって立て続けに公刊されます。

ゲンジヒェンが右の『宇宙の一般自然史と理論』の抜粋を公にしたのは一七九一年、ラプラスの『宇宙体系の解説』が出たのはそれよりもあとの一七九六年です。けれども、ラプラスはその本の中で、「ビュフォンは、宇宙の真の体系の発見以来、惑星とその衛星の起源を研究しようと努めた私の知っている唯一の人である」と言っており、こうした点からしても、ラプラスはカントの見解を知らないまま自説を公にしたとみるのが妥当であると考えられています。

†トマス・ライト

さて、ランベルトの本の公刊がきっかけとなって、カントが『宇宙の一般自然史と理論』の要約にあたるものを一七六二年に公にしたと言いましたが、そもそも銀河を莫大な数の恒星の集合体と見、星雲を別の銀河（別の恒星の集合体）と見る、複数の巨大な世界という見方は、カントとランベルトが言い出す前に、イギリス人トマス・ライト（Thomas Wright, 1711-1786）が言い出したことでした。彼はダラム（Durham）の生まれで「ダラムのライト」と呼ばれています。ライトは、一七五〇年に出版した『宇宙の独創的理論あるいは新たな仮説』（*An Original Theory or New Hypothesis of the Universe* [London: H. Chapelle, 1750] 図22参照）でそのような見方を提示し、このライトの見解がカントに影響を与えます。

カントがライトから影響を受けたことについては、カント自身が『宇宙の一般自然史と理論』の中で、次のように述べています。

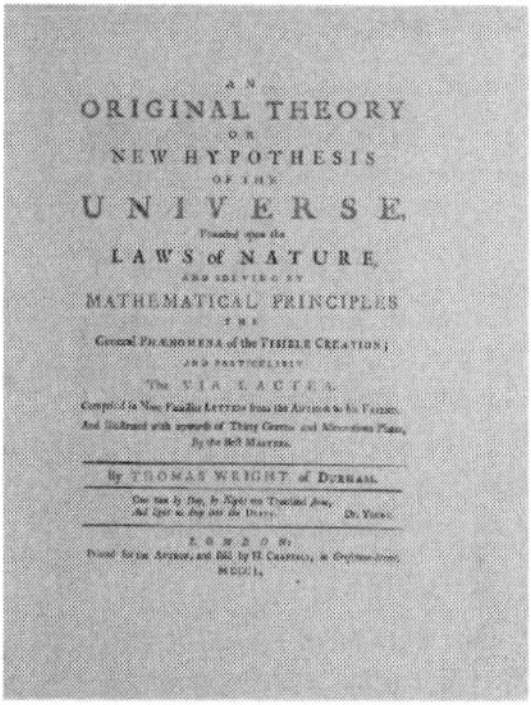
AN
ORIGINAL THEORY
OR
NEW HYPOTHESIS
OF THE
UNIVERSE,
LAWS of NATURE,
MATHEMATICAL PRINCIPLES
THE
By THOMAS WRIGHT of DURHAM.
LONDON:

【図22】ライト『宇宙の独創的理論あるいは新たな仮説』（1750年）の扉

第一部は、大規模な宇宙の新たな体系を扱う。私はダ、ラ、ム、のライト氏の論文を一七五一年の『ハンブルク自由批評』で知ったのだが、そのライト氏が、もろもろの恒星は明白な秩序なしに点在しているのではなく、惑星のそれときわめて類似した体系をなしていると見るきっかけをはじめて私に与えてくれた。（『宇宙の一

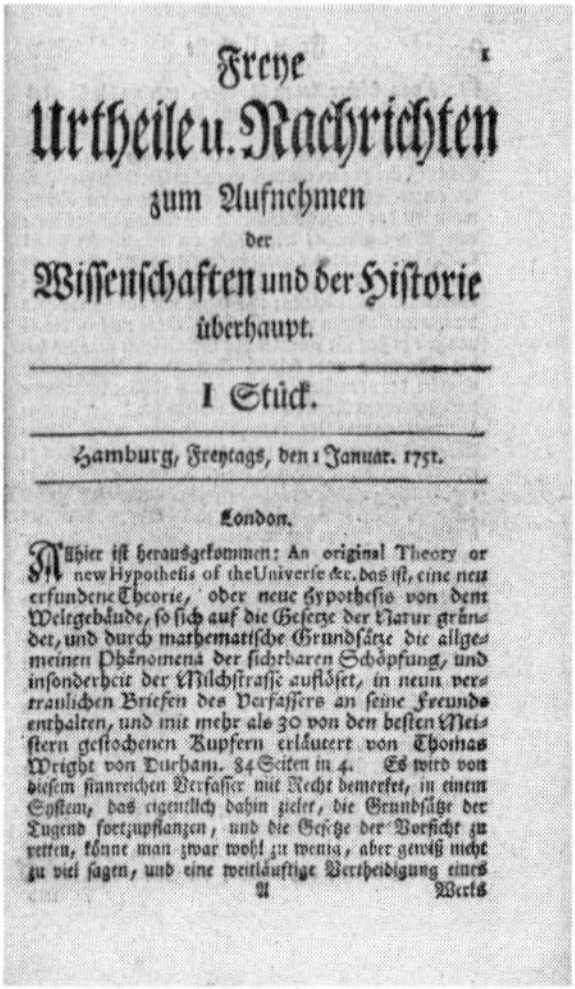

Freye

Urtheile u. Nachrichten

zum Aufnehmen

der

Wissenschaften und der Historie

überhaupt.

1

I Stück.

Hamburg, Freytags, den 1 Januar. 1751.

London.

Allhier ist herausgekommen: An original Theory or new Hypothesis of the Universe &c. das ist, eine neu erfundene Theorie, oder neue Hypothesis von dem Weltgebäude, so sich auf die Gesetze der Natur gründet, und durch mathematische Grundsätze die allgemeinen Phänomena der sichtbaren Schöpfung, und insonderheit der Milchstrasse auflöset, in neun vertraulichen Briefen des Verfassers an seine Freunde enthalten, und mit mehr als 30 von den besten Meistern gestochenen Kupfern erläutert von Thomas Wright von Durham. 84 Seiten in 4. Es wird von diesem sinnreichen Verfasser mit Recht bemerket, in einem System, das eigentlich dahin zielet, die Grundsätze der Tugend fortzupflanzen, und die Gesetze der Vorsicht zu retten, könne man zwar wohl zu wenig, aber gewiß nicht zu viel sagen, und eine weitläuftige Vertheidigung eines

A Werks

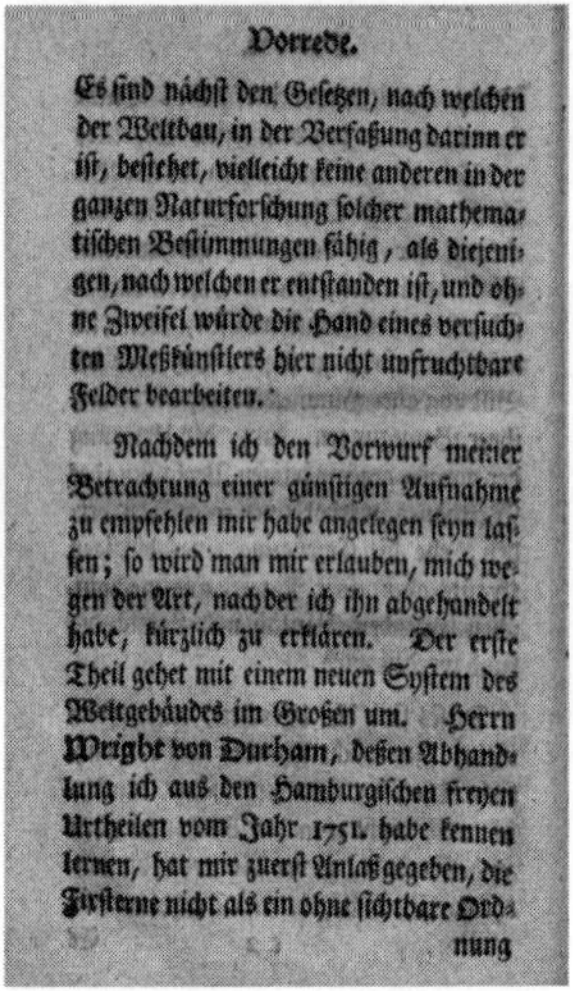

Vorrede.

Es sind nächst den Gesetzen, nach welchen der Weltbau, in der Verfaßung darinn er ist, bestehet, vielleicht keine anderen in der ganzen Naturforschung solcher mathematischen Bestimmungen fähig, als diejenigen, nach welchen er entstanden ist, und ohne Zweifel würde die Hand eines versuchten Meßkünstlers hier nicht unfruchtbare Felder bearbeiten.

Nachdem ich den Vorwurf meiner Betrachtung einer günstigen Aufnahme zu empfehlen mir habe angelegen seyn lassen; so wird man mir erlauben, mich wegen der Art, nach der ich ihn abgehandelt habe, kürzlich zu erklären. Der erste Theil gehet mit einem neuen System des Weltgebäudes im Großen um. Herrn Wright von Durham, deßen Abhandlung ich aus den Hamburgischen freyen Urtheilen vom Jahr 1751. habe kennen lernen, hat mir zuerst Anlaß gegeben, die Fixsterne nicht als ein ohne sichtbare Ord-

nung

【図24】ハンブルクの『自由批評通信』1751年第1号（1月1日付）1ページ。下から7行目ほどのところに、トマス・ライト（Thomas Wright）の名前が見えます。

【図23】『宇宙の一般自然史と理論』（1755年）序言の28ページ目。このページにライトの名前がはじめて出てきます。

般自然史と理論』序言［アカデミー版カント全集第一巻二三一ページ］、また、図23を参照）その恒星の体系というのは、太陽系においてどの惑星も太陽の赤道平面の近くに存在しているように、恒星も宇宙を貫いている一つの平面近くに存在しているというもので、そのためそれらは銀河と呼ばれる帯状のものに見える、というのです。

因みに、カントが右の引用箇所で『ハンブルク自由批評』と言っているのは、カントの『宇宙の一般自然史と理論』の書評が掲載された、ハンブルクの『自由批評通信』（*Freye Urtheile und Nachrichten*）のことです。ライトの記事は、一七五一年の第一号（一月一日付）一ページ以下に掲載されています（図24参照）。

ライトの名前は『宇宙の一般自然史と理論』に何度か登場しており、カントは「どこまでがライト氏の体系〔見解〕でどこからが私の体系〔見解〕であるかを厳密に言うことはできない」（『宇宙の一般自然史と理論』序言）と言っています。カントがライトの恩恵を被っていることは、このように、カント自身の認めるところです。

†デカルトとスヴェーデンボーリー

ところで、惑星や衛星の生成に関する論ということについては、エマーヌエル・スヴェーデンボーリー（Emanuel Swedenborg, 1688-1772）のことを取り上げておかなければなりません。

スヴェーデンボーリーは、スウェーデンの科学者・神秘主義思想家で、彼のことについては、のちにその霊能に関して、カントが『視霊者の夢』（一七六六年）でこれを批判的に論じるのですが、ここでは宇宙論に関する彼の見解を取り上げておきたいと思います。

スヴェーデンボーリーは、一七三四年に『哲学鉱物学論集』（*Opera Philosophica et Mineralia* [Dresden and Leipzig: Fridericus Hekelius, 1734]）全三巻を出版しています。その第一巻（*Principia rerum naturalium* 自然物の原理。図25参照）で、彼は宇宙生成論を説いています。

もともと古代ギリシャに、カオスから回転運動によって無数の天体が生じたという考えがありました。小アジアのミレトスという町の、アナクシマンドロス（'Αναξίμανδρος, c. 570 B.C. 生没年がはっきりしない場合、四〇歳頃の年を一つ挙げる慣例に従います）の考えです。似たような考えは、アナクサゴラス（'Αναξαγόρας, c. 500–c. 428 B.C.）やエンペドクレス（'Εμπεδοκλῆς, c. 492–c. 432 B.C.）も提示しています。

一七世紀になって、フランスの科学者ルネ・デカルト（René Descartes, 1596–1650）が、一六三三年頃までにほぼ準備が整っていた『世界論』（*Le Monde* この本は、コペルニクス的見解を採用していたため、検邪聖省によるガリレオの審問の一件で身の危険を感じたデカルトはその出版を断念、死後［一六六四年］に出版されました。図26参照）の第八章で、次のような

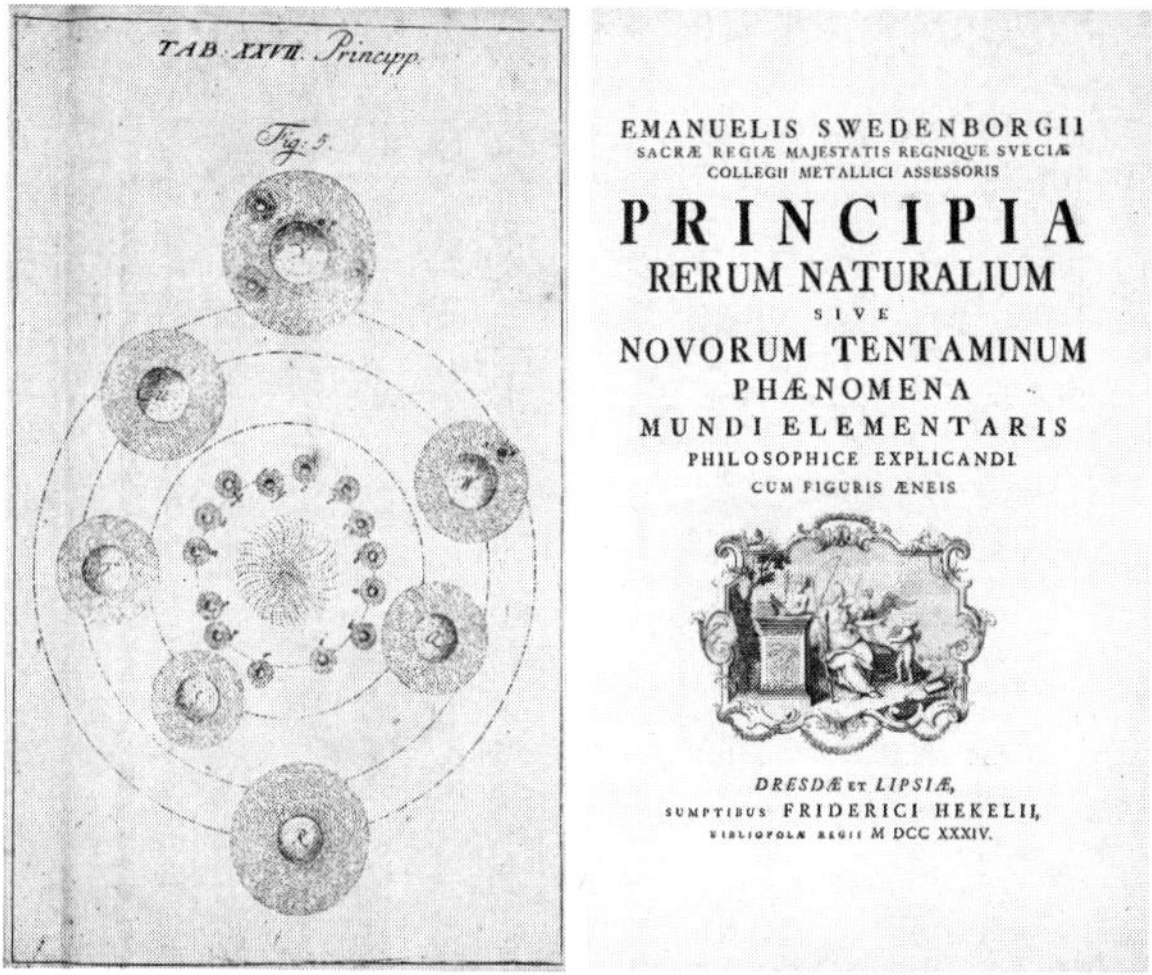

【図25】右はスヴェーデンボーリー『哲学鉱物学論集』（1734年）第１巻の扉。左は同巻に見られる図版。

見解を提示しました。

この新しい世界には空虚が全然ないのであるから、物質の全粒子が直線的に動くことは不可能であった〔……〕。しかし、この物質の全粒子はほとんど相等しく、またどれもこれも同じように容易に方向を変えられうるのであるから、それらは全体が一致してある種の円環状の運動を行なうことになったはずである。しかしながら、神がそれら粒子を最初さまざまに動かしたと仮定するのであるから、われわれは、粒子が全部合体してただ一つの中心のまわりをまわるのだと考えるべきではなく、むしろ多くの異なった中心のまわりをまわっていると考えるべきである。(デカルト『世界論』、神野慧一郎訳、デカルト『方法序説ほか』[中公クラシックスW9、二〇〇一年]所収、三一一ページ)

物質粒子のこの多数の円環運動の中で、太陽をはじめとする多数の恒星、それに、惑星や彗星が形成されるというのが、デカルトの考えでした。(デカルトのこの見解は、『哲学の原理』[*Principia Philosophiae* (1644)]にも出てきます。図27参照。)

スヴェーデンボーリーは、このデカルトの考えを承けて、自らの宇宙生成論を提示します。のちのカントやラプラスが、惑星は太陽から離れたところで形成されるとするのに対して、スヴェーデンボーリーは、惑星は最初太陽が放出した物質から太陽の近くで形成され、のちにその円環運動によって太陽から離れ、今のような状態になったと考えています(図25の左参照)。

この件に関するカントとスヴェーデンボーリーの関係は明らかではありません。しかし、スヴェーデンボーリーのこの件からしても、カントがどのような時代的脈絡の中で自らの思考を進めているかが、いっそうよく理解できるのではないでしょうか。

【図26】デカルト『世界論』（1664年）の扉

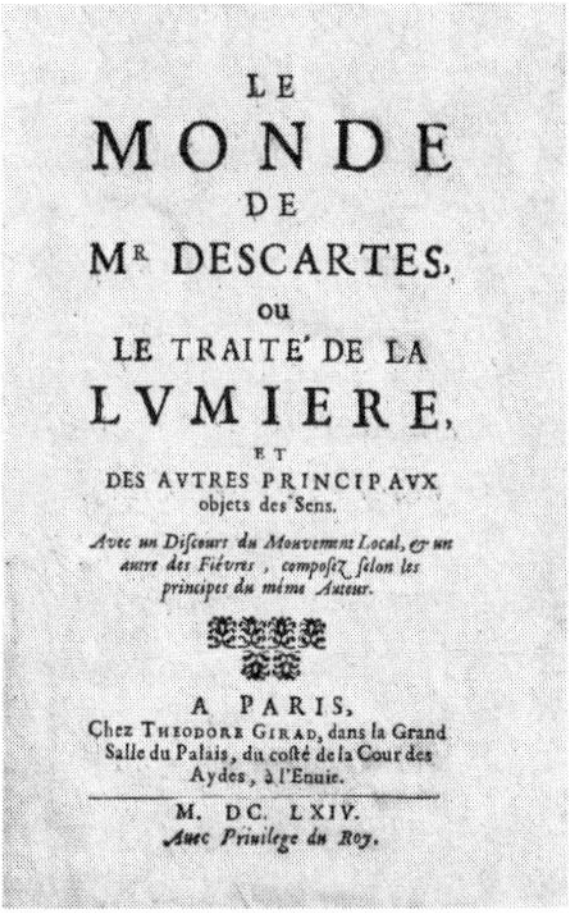

LE
MONDE
DE
MR DESCARTES,
OU
LE TRAITE' DE LA
LVMIERE,
ET
DES AVTRES PRINCIPAVX
objets des Sens.

Avec un Discours du Mouvement Local, & un autre des Fiévres, composez selon les principes du méme Auteur.

A PARIS,
Chez THEODORE GIRAD, dans la Grand Salle du Palais, du costé de la Cour des Aydes, à l'Enuie.

M. DC. LXIV.
Auec Priuilege du Roy.

【図27】下右はデカルト『世界論』（1664年）の図版。下左はデカルト『哲学の原理』（1644年）の図版。

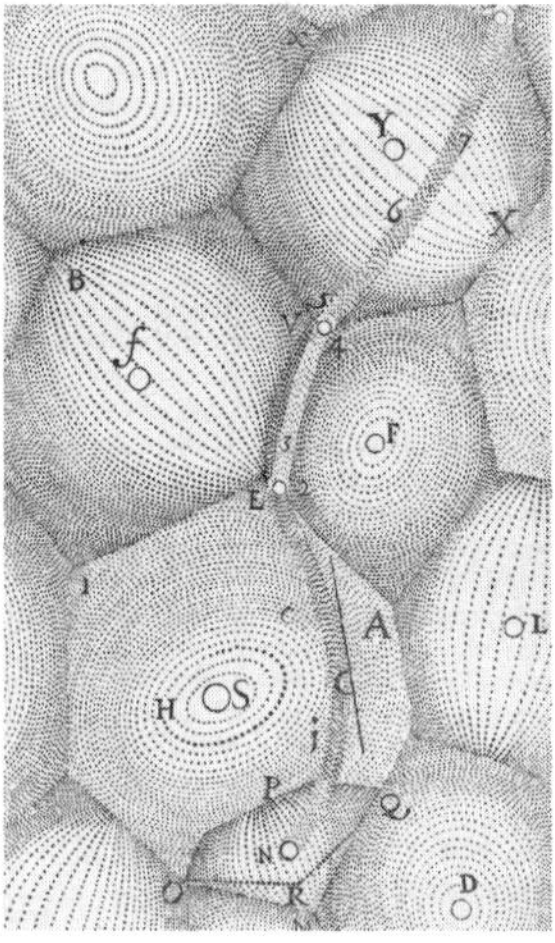

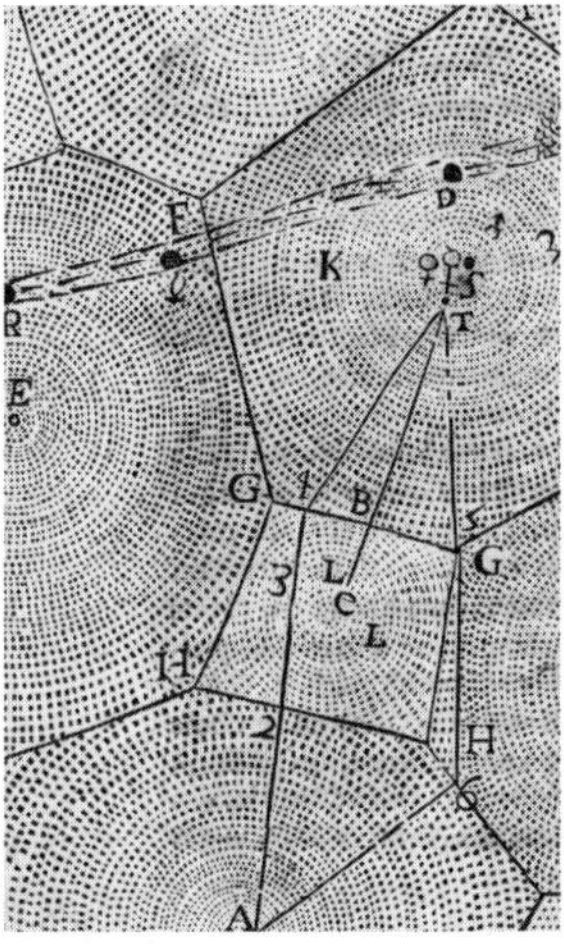

†マギスターの学位取得

先に述べましたように、一七五四年八月、カントはケーニヒスベルク大学に復学します。そして、『宇宙の一般自然史と理論』の出版と並行して、一七五五年四月一七日、マギスター（Magister）の学位を得るべく、大学にラテン語で書いた学位論文を提出します。

もしかして、今日の学位制度をご存じの方は、ここで驚かれ、あるいはいぶかしく思われるかもしれませんね。「マギスター」と言えば英語では「マスター」。「修士」じゃないか。だったら、カントはすでに「学士」号を取得していて、つまりすでに大学を「卒業」していて、その上で「修士」号を取得するということではないのか。もしそうだとすると、先ほどの「大学の課程を修了するための学位論文を提出しなかった」という話は一体どうなるのか。「学士」になるために論文を提出したということではないのか。あの「生きた力」に関する論文はまさしくその「卒業論文」ではなかったのか、などなど。

確かに、今の我が国の大学制度を念頭に置くと、そうですよね。大学を「卒業」するということは「学士」号を取得するということで、その上で、大学院に入って「修士」になり「博士」になる。とすると、「マギスター」になるということは、とっくに大学を卒業した上でのことだと思われるかもしれません。けれど、そういうことではないのです。

もともと、中世のヨーロッパで大学ができたとき、学生や教師の身分は、職人の身分の階層と同じような観点から考えられていました。一人前の職人になるには、まず、「見習い」として親方のところに弟子入りします。「徒弟」です。そして、いろいろ教わって、なんとか「駆け出し」の職人になります。「駆け出し」は、一応、後輩に教えられることもあるのですが、まだまだ自分自身が親方から教わらなければならない立場です。それからさらに修行を積んで、ついには「親方」としての実力が認定されます。これでやっと本当に一人前というわけです。ここまで行くと、もう胸を張って、「親方」(師匠)として、人を育てながら自分も仕事をする。というわけで、「見習い」、「駆け出し」、「親方」。この段階を踏んで、一流の職人になっていくのです。

大学も同じでした。ラテン語で言えば、まず「学生」(scholaris スコラーリス)として入学します。それから基礎科目を数年勉強して、「学士」(baccalarius バッカラリウス)になりますが、まだまだ一人前ではありません。で、それからさらに修行を続けて、「マギステル」(magister ドイツ語の Magister［マギスター］はここから来ています)になって、これで一人前の学者です。人に胸を張って教えられる立場です。

そもそもラテン語で「マギステル」、ドイツ語で「マギスター」と言っているものは英語では「マスター」つまり「親方」です。ですから、マギスターというのは、本来大学における最高学位で、ここまで行っていわば本当に「卒業」なのです。

ところで、そのラテン語の「マギステル」ですが、中世の大学において、すでにいわゆる「上級学部」では、「マギステル」の代わりに「ドクトル」(doctor)を使う傾向にありました。ドイツ語では「ドクトア」(Doktor)です。ケーニヒスベルク大学でも同じ方式が踏襲され、カントの頃、哲学部では「マギステル/マギスター」の学位が、神学部、法学部、医学部では「ドクトル/ドクトア」の学位が授与されていました。「マギスター」、「ドクトア」と、言い方は違いますが、学位としては同等のものでした。

さて、それでは「学士」(バッカラリウス)のほうはどうなるのかというと、もともと中世の大学制度では、大学に入って数年後、課程の途中で試験を受けてこの「学士」の学位が認定され、さらに勉学に勤しんで「修士」号もしくは「博士」号を取得してめでたく卒業することになっていました。ところが、ドイツの大学では、一六世紀に、途中で「学士」の学位を認定する制度が次第になくなっていきました。ですから、カントの場合にも、「学士」号が認定されてめでたく「卒業」ということはなく(そうでなくてもそれではまだ課程の途中ですから)、マギスター(親方、師匠)となって全課程を修了することになるのです。

カントが提出した論文は、「火についてのある考察の簡潔な叙述」('Meditationum quarundam de igne succincta delineatio')というもので、火や熱を「燃素」(materia ignis マーテリア・イグニス)や「熱素」(materia caloris マーテリア・カローリス)という弾性物質によって説明しようとするものでした。

論文の公聴会（公開討論会）は五月一三日に行われ、六月一二日にカントは学位を認められます（カントはこれによって大学の全課程を修了したのです）。その学位授与式のことが、『週刊ケーニヒスベルク学術事報』一七五五年第二四号（六月一四日付）に、次のように記されています。

去る六月一二日木曜日に、当地の哲学部は、錚々たる列席者のもと、公開のマギスター学位授与式を挙行し、優秀な学位取得候補者、ケーニヒスベルクのエマヌエル・カント（Emanuel Kant）氏に、哲学の最高学位を授与した。〔以下略〕

ところで、これまでカントの書き物のうち、そのいくつかを見てきましたが、「生きた力」、「地球の自転」、「地球の老化」、「宇宙」、「火」と、一見、主題はばらばらに見えます。でも、今ではこのランダムさが、実は先に言及した「王立プロイセン科学アカデミー」の懸賞論文のテーマや、他のアカデミーの懸賞論文のテーマを、（遅ればせながらも）追う結果であったことが知られています。例えば「火についてのある考察の簡潔な叙述」については、火もしくは燃焼が当時の大きな科学的問題であったのは事実ですが、王立パリ科学アカデミーの一七三九年の懸賞課題に対応しているとみられます。またカントは、そうしたことも含めて、あるいは出版社の要請に応じて、しばしば時事問題を扱いました。そうした対応の末に、一七七〇年以降、一一年の沈黙が続き、一七八一年、『純粋理性批判』の出版に至ります。

以下、マギスターとなったカントがその沈黙までにたどった十数年の経緯を、簡潔に追うことにします。

†私講師

学位を得たカントは、大学で講義する資格を得るため、同じ一七五五年に別のラテン語論文をケーニヒスベルク大学に提出します。論文題目は「形而上学的認識の第一原理の新たな解明」('Principiorum primorum cognitionis metaphysicae nova dilucidatio') でした。これは、同じものがこうでありかつこうでないということはありえないという「矛盾律」と、なにごとにもそうであるための十分な理由がなければならないという「充足理由律」(カントはこれを「決定理由律」と言い換えます) を取り上げ、真理の可能性について検討しようとするものでした。

その論文は、同時期のこれまでの書き物とは、ずいぶんとテーマが異なります。しかし、これまでの自然科学的な論著が、その時代に(特に「王立プロイセン科学アカデミー」によって)求められていたものをテーマとしていたのと同じように、この「形而上学的認識の第一原理の新たな解明」も、ライプニッツやヴォルフらが重視していた話題であり、王立プロイセン科学アカデミーの一七四九年の懸賞課題に対応するものであったと考えられています。

一七五五年九月二七日、その論文の公聴会（公開討論会）が無事に終わり、これによってカントは、大学で授業を行う資格が認められ、ケーニヒスベルク大学私講師（Privatdozent プリヴァートドツェント）となります。私講師というのは、大学からの給与はなく、聴講する学生から聴講料を取ることのできる身分です。カントは当時ケーニヒスベルク大学の「キュプケ教授」の家に住んでいて、そこで授業をしたようです。ここに言う「キュプケ教授」は、論理学・形而上学正教授のヨーハン・ダーフィット・キュプケ（Johann David Kypke, 1692-1758 彼は哲学部と神学部の教授を兼任していました）のことかもしれませんが、第2章で述べる彼の甥、ゲオルク・ダーフィット・キュプケのことかもしれません。ともかく、あふれかえるほどの学生が集まったとの、当時の聴講者の報告が残っています。

カントは生計を立てるため、多くの講義を行わざるをえず、一七五五年から五六年にかけての冬学期には論理学、形而上学、数学、物理学を、一七五六年の夏学期にはそれらに加えてさらに地理学を、その次の学期にはその上さらに倫理学を講じたと伝えられています。

†昇任の試み

一七五五年一一月一日、ポルトガルのリスボンで大地震があり、リスボンは地震と津波で壊滅、ヨーロッパは広範にその被害を受けます。翌一七五六年の一月から四月にかけて、カントは地震に関する三つの考察を刊行しています。

これと並行して、その年（一七五六年）の三月二三日に、カントは三つ目の公聴会（公開討論）のためのラテン語で書かれた論文をケーニヒスベルク大学に提出、四月一〇日に公聴会が開かれます。これは、フリードリッヒ二世が、教授になるための資格として、三回の公開討論にパスすることを求めていたからです。論文は、これも若干長い題目のものなのですが、短く「物理的モナド論」（'Monadologia physica'）と呼ばれています。この論文もまた、王立プロイセン科学アカデミーの一七四七年の懸賞課題に対応しています。カントはこの三回目の公聴会に合格し、これをもってクヌーツェンの死後（一七五一年以後）空席になっていた論理学・形而上学准教授（員外教授）職に就こうとします。けれども、これは認められませんでした。

一七五六年八月、戦争が始まります。この戦争は、「七年戦争」と言われているもので、プロイセンとオーストリアの対立を軸として、プロイセンにはイギリスが、オーストリアにはフランス、ロシアなどが付き、全ヨーロッパを巻き込むだけでなく、イギリスとフランスの植民地戦争も並行して進み、世界戦争の様相を呈することになりました。一七六三年まで続いたこの戦争はプロイセンとイギリスの勝利に終わり、プロイセンはその地位を向上させるとともに、イギリスも植民地帝国としてさらに拡大することになるのですが、他方では戦争によって各国の絶対王制が疲弊し、アメリカでは独立戦争が、フランスではフランス革命が起きる一因ともなりました。

この七年戦争の間の四年間、一七五八年から一七六二年までのことですが、ケーニヒスベルクがロシア軍に占領され、ロシアの統治下に置かれるということがありました。けれども、ケーニヒスベルク城の住人が変わっただけで、それによって人々の暮らしが大きく変わることはありませんでした。その占領下の一七五八年一二月一〇日に、論理学・形而上学正教授のキュプケ（カントが寄宿させてもらっていた可能性のある教授です）が亡くなり、大学は論理学・形而上学のポストを正教授で補充することになります。このポストには、六人の候補者が立ち、最終的にカントと、かつてクヌーツェンが評価していたブックが争うことになりました。カント側にはフリードリッヒ学院時代以来彼を庇護してきた神学教授のシュルツが付いていたのですが、結局数学の准教授（員外教授）を務めていたブックが採用されました。

なお、遡って一七五七年にカントはクナイプホーフのギムナジウムの教員職に（おそらくは私講師としての収入を補うために）就こうとしましたが、うまくいきませんでした。

†招聘を断って

一七六二年、詩学・修辞学正教授ヨーハン・ゲオルク・ボック（Johann Georg Bock, 1698-1762）が亡くなり、そのポストが空席になりました。七年戦争の終わった次の年の、一七六四年に、プロイセン当局はそのポストを充たすことを認めるとともに、そのポストにカントが就く可能性をケーニヒスベルク大学に打診するということがありました。けれども、カントは、論理学・形而上学のポストに関心があるとして、これを断ります。

一七六九年末、今度はブランデンブルク＝バイロイト辺境伯領（今のドイツ南部に位置し、ホーエンツォレルン家の傍流が治めていました）のエアランゲン大学（一七四二年創設）から招聘がありましたが、カントはこれを鄭重に断っています。また、翌一七七〇年一月にはザクセン＝ヴァイマル＝アイゼナハ公国のイェーナ大学（一五五八年設立）から招聘があったのですが、カントはこちらのほうも鄭重に断っています。いずれも、慣れ親しんだふるさとを離れがたいことと、健康上の理由からでした。

一七七〇年三月一五日、ケーニヒスベルク大学の数学正教授クリストフ・ラングハウゼン（Christoph Langhausen, 1691-1770）が亡くなると、カントは翌日すぐにベルリンに手紙を書き、一案として、すでに論理学・形而上学正教授になっていたブックを数学正教授ポストに移し、自分が論理学・形而上学正教授になることを、ブックに断りなく当局に求めます。当局の対応は早く、一五日後の三月三一日、カントは国王フリードリッヒ二世により、論理学・形而上学の正教授になることが認められます。このとき、カントは四五歳（間もなく四六になろうとする歳）でした。

同年八月二一日、カントは正教授就任講演を行います。発表された論文は、間もなく『可感界と可想界の形式と原理について』（これについてはあとで触れます）として刊行されました。

なお、カントはのち、一七七八年に、カール・アーブラハム・フォン・ツェートリッツ（Karl Abraham von Zedlitz, 1731-1793）から、（給与の低いケーニヒスベルク大学よりもはるかに高給の条件で）ハレ大学への転任を勧められたことがあります。ツェートリッツはプロイセンの文部大臣で、カントを尊敬しており、カントが『純粋理性批判』を彼に献じてその名が今に知られている人です。ハレ大学は先に言及したドイツの代表的哲学者の一人、クリスティアン・ヴォルフがかつて教授や学長を務めた、プロイセンを代表する大学でした（設立は一六九四年です）。けれども、結局カントはこれも断り、こうしてカントは、以後もずっとケーニヒスベルクで過ごしました。

†一七五六年以後（一七七〇年まで）の著作

それやこれやで、あっという間に一七七〇年（あるいは一七七八年）になりました、な

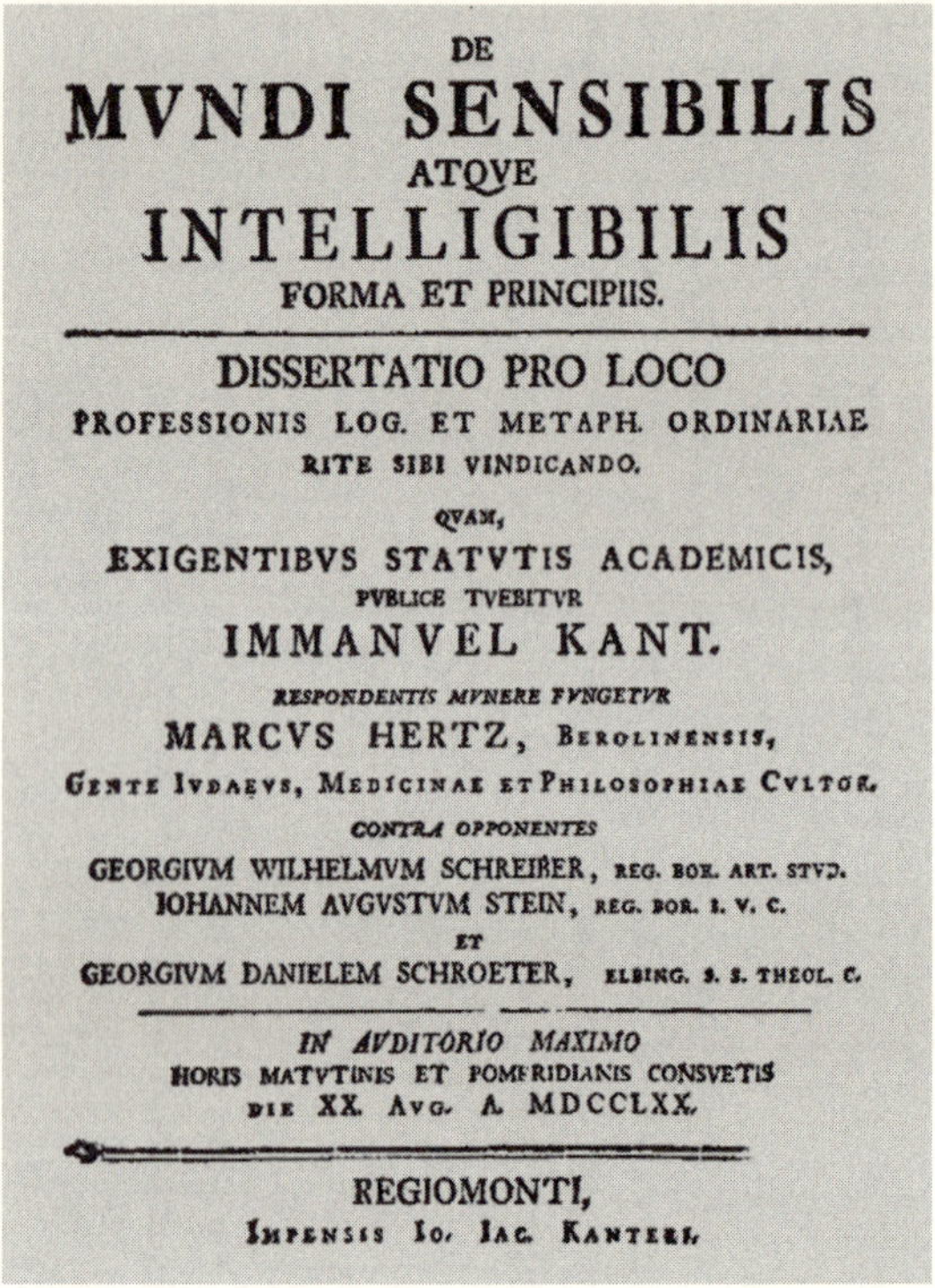

DE
MVNDI SENSIBILIS
ATQVE
INTELLIGIBILIS
FORMA ET PRINCIPIIS.

DISSERTATIO PRO LOCO
PROFESSIONIS LOG. ET METAPH. ORDINARIAE
RITE SIBI VINDICANDO.

QVAM,
EXIGENTIBVS STATVTIS ACADEMICIS,
PVBLICE TVEBITVR
IMMANVEL KANT.

RESPONDENTIS MVNERE FVNGETVR
MARCVS HERTZ, BEROLINENSIS,
GENTE IVDAEVS, MEDICINAE ET PHILOSOPHIAE CVLTOR.
CONTRA OPPONENTES
GEORGIVM WILHELMVM SCHREIBER, REG. BOR. ART. STVD.
IOHANNEM AVGVSTVM STEIN, REG. BOR. I. V. C.
ET
GEORGIVM DANIELEM SCHROETER, ELBING. S. S. THEOL. C.

IN AVDITORIO MAXIMO
HORIS MATVTINIS ET POMERIDIANIS CONSVETIS
DIE XX. AVG. A. MDCCLXX.

REGIOMONTI,
IMPENSIS IO. IAC. KANTERI.

【図28】『可感界と可想界の形式と原理について』(1770年)の扉。下から2行目に、「ケーニヒスベルク」のラテン語表記である'REGIUSMONS'(レーギウスモーンス)の変化形'REGIOMONTI'(レーギオーモンティー)を見ることができます。ラテン語の形容詞'regius'(レーギウス)は「王の」、名詞'mons'(モーンス)は「山」を意味します。つまり、「王の山」です。

んてわけにはいきませんよね。あはは。カントの昇任のことで先を急ぎすぎました。でも、カントが一七五五年に私講師になってから一五年もの間、私講師という無給の教員でいた事情は、おわかりいただけたと思います。そこで、もう一度一七五六年に戻って、「物理的モナド論」以後一七七〇年までの彼の著作をざっと見ておきましょう。

一七五九年には『オプティミズムについての若干の考察の試み』（*Versuch einiger Betrachtungen über den Optimismus*）が刊行されています。これも当時話題となっていた問題を論じたものです。ドイツの代表的哲学者ライプニッツが、神はこの世界を最善のものとして創ったとしたのですが、この考えを、「最善」を表すラテン語 'optimus'（オプティムス）から創られた「オプティミズム」に該当する各国語で呼ぶことになりました。ドイツ語では「オプティミスムス」（Optimismus）となりますが、ここでは英語風に「オプティミズム」としておきます。

このライプニッツの見解を批判する立場から、王立プロイセン科学アカデミーが、一七五五年の懸賞課題としてこれを取り上げます。この話題は、カントが地震に関する論文で扱った悲惨なリスボン大地震とも、当然重大な仕方で関わることになります。さまざまな悲惨な事象があるのに、なぜこれが最善の世界なのかというわけです。これを論じたのが、『オプティミズムについての若干の考察の試み』です。

このように、カントは相変わらず時の話題に関する論著を一七七〇年まで発表し続けます。今、主要な論著の出版年と日本語の表題のみを挙げますと、次のとおりです。

一七六二年『三段論法の四つの格の不毛な詮索』

〃『神の存在を論証するための唯一可能な証明根拠』（出版年は一七六三年と印刷されています）

一七六三年『負量の概念を哲学に導入する試み』

一七六四年『美と崇高の感情についての考察』

〃『自然神学と道徳の原則の判明性についての研究』（前年に王立プロイセン科学アカデミー懸賞論文の次席となったもの）

一七六六年『視霊者の夢——形而上学の夢による解明』

一七六八年「空間における方位の区別の第一根拠について」

一七七〇年『可感界と可想界の形式と原理について』（教授就任論文）

この時期、カントはハーマンやメンデルスゾーンやランベルトと交流があり、またルソーやヒュームの思想から重大な影響を受けることになるのですが、本書のテーマとの関係においてとりわけ重要なのは、ヒュームの思想との出会いです。カントがヒュームから受けたショックについては、本書第5章で取り上げることにして、ここでは、カントがヒュームをどのようにして読んだ可能性があるかについて、述べておきます。

†ヒュームを読む

カントがデイヴィッド・ヒューム（David Hume, 1711-1776）の著作といつ出会ったかについては、少なくとも次のような可能性が考えられます。一つは、時期的には一七五〇年代後半から一七六〇年代半ばまでの可能性です。一七五五年に、ヒュームが一七四八年に出版した『人間知性についての研究』（*An Enquiry Concerning Human Understanding* [1748]）のドイツ語訳が出版されます。カントは英語が読めませんでしたから、このドイツ語訳でヒュームを読んだ可能性があります。実際カントはこのドイツ語訳を持っていま

Untersuchung
über die
Deutlichkeit der Grundsätze
der
natürlichen Theologie
und der Moral.
Zur
Beantwortung der Frage
welche die
Königl. Academie der Wissenschaften zu Berlin
auf das Jahr 1763.
ausgegeben hat.

Verum animo satis haec vestigia parva sagaci
Sunt, per quae possis cognoscere caetera tute.

1764.

【図29】『自然神学と道徳の原則の判明性についての研究』（1764年）の扉

した。

ヒュームの『人間知性についての研究』は、最初『人間知性についての哲学的試論』（*Philosophical Essays Concerning Human Understanding*）という表題で出版され、『人間知性についての研究』（*An Enquiry Concerning Human Understanding*）と改められたのは一七五八年のことでした。そのため、一七五五年に出版されたその最初のドイツ語訳は、『人間の認識についての哲学的試論』（*Philosophische Versuche über die menschliche Erkenntniß*, in David Hume, *Vermischte Schriften*, zweyter Theil [Hamburg and Leipzig: Grund and Holle, 1755]）と題されています。編者は、ヨーハン・ゲオルク・ズルツァー（Johann Georg Sulzer, 1720-1779）です。翻訳者は現時点では確定されていません。

二つ目の可能性は、ヨーハン・ゲオルク・ハーマン（Johann Georg Hamann, 1730-1788）を介してのものです。ハーマンはカントと同じくケーニヒスベルク大学の出身で、カントの友人であるとともに批判者でもあった人です。

一七七一年、『ケーニヒスベルク学術政治時報』（*Königsbergische gelehrte und politische Zeitungen*）七月五日号と七月一二日号に、「ある懐疑論者の夜の思索」（'Nachtgedanken eines Zweiflers'）と題された書き物が掲載されます。著者は伏せられていましたが、これはハーマンが一七三九年に出版されたヒュームの『人間本性論』第一巻（*A Treatise of Human Nature*, Vol. I [1739]）の最終節（第一巻第四部第七節「本巻の結論」）をドイツ語に翻

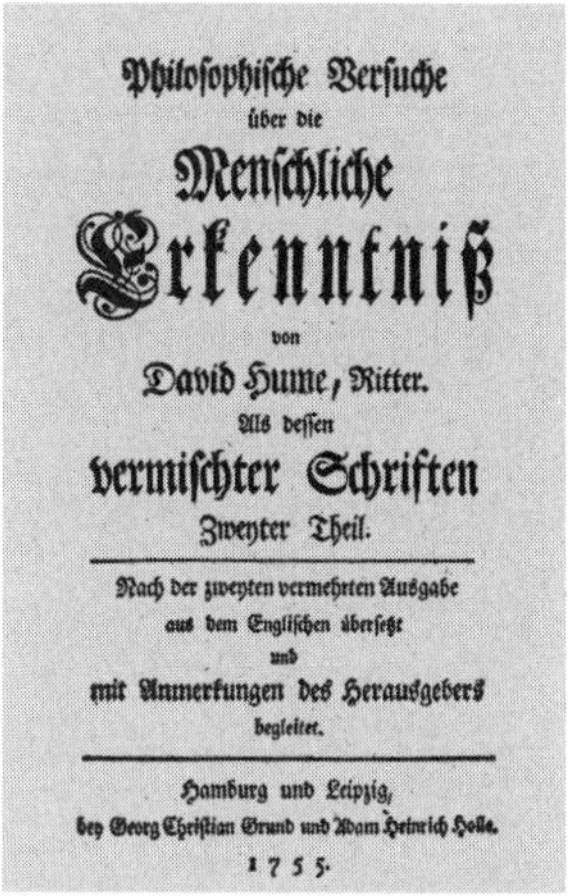
Philosophische Versuche
über die
Menschliche
Erkenntniß
von
David Hume, Ritter.
Als dessen
vermischter Schriften
Zweyter Theil.

Nach der zweyten vermehrten Ausgabe
aus dem Englischen übersetzt
und
mit Anmerkungen des Herausgebers
begleitet.

Hamburg und Leipzig,
bey Georg Christian Grund und Adam Heinrich Holle.
1755.

【図31】ヒューム『人間の認識についての哲学的試論』ドイツ語版（1755年）の扉

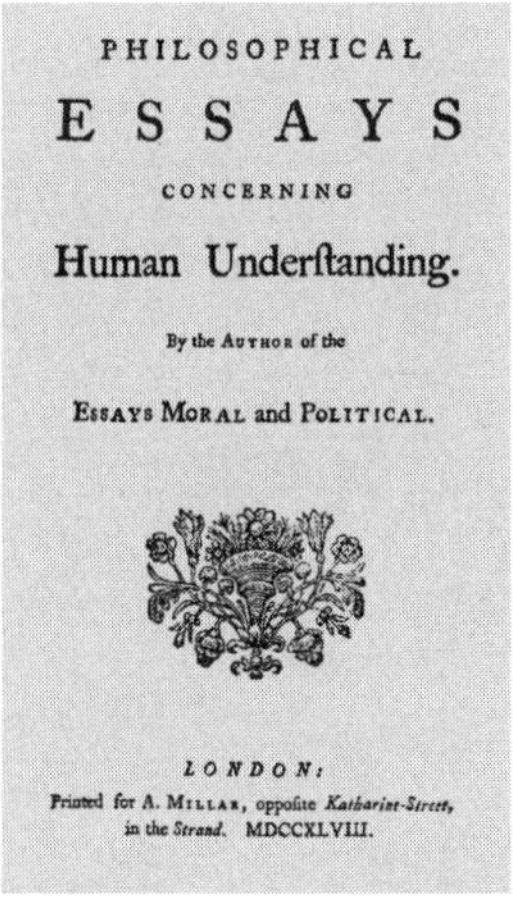
PHILOSOPHICAL
ESSAYS
CONCERNING
Human Underſtanding.

By the AUTHOR of the
ESSAYS MORAL and POLITICAL.

LONDON:
Printed for A. MILLAR, oppoſite *Katharine-Street*, in the *Strand*. MDCCXLVIII.

【図30】ヒューム『人間知性についての哲学的試論』（1748年）の扉

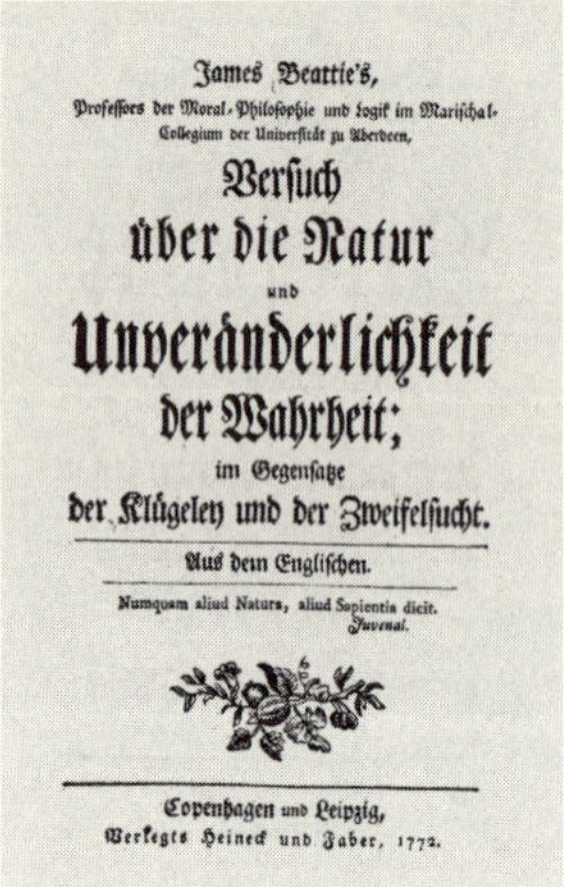

James Beattie's,
Professors der Moral-Philosophie und Logik im Marischal-Collegium der Universität zu Aberdeen,
Versuch
über die Natur
und
Unveränderlichkeit
der Wahrheit;
im Gegensatze
der Klügeley und der Zweifelsucht.
Aus dem Englischen.
Numquam aliud Natura, aliud Sapientia dicit.
Juvenal.
Copenhagen und Leipzig,
Verlegts Heineck und Faber, 1772.

【図32】ビーティー『真理の本性と不変性についての試論』ドイツ語版（1772年）の扉

訳したものでした。これもまた、カントがヒュームを知ることになった重要なきっかけの一つと考えられています。

もう一つの可能性は、スコットランドの哲学者ジェイムズ・ビーティー（James Beattie, 1735–1803）が一七七〇年に出版した『真理の本性と不変性についての試論――詭弁と懐疑論に抗して』（*An Essay on the Nature and Immutability of Truth, in Opposition to Sophistry and Scepticism* [1770]）のドイツ語版（*Versuch über die Natur und Unveränderlichkeit der Wahrheit, im Gegensatze der Klügeley und der Zweifelsucht* [Copenhagen and Leipzig: Heineck and Faber, 1772]）が一七七二年に出版されたことに関わります。ビーティーはこの著作の中で、ヒュームの『人間本性論』第一巻から幾度か長い引用を行っています。そのビーティーの著作のドイツ語版に見られるヒュームの見解からカントが大きな影響を受けた可能性が考えられます。ドイツ語版の翻訳者は、アンドレアス・クリストフ・リューディンガー（Andreas Christoph Rüdinger, 1746–1797）です。

Critik
der
reinen Vernunft
von
Immanuel Kant
Professor in Königsberg.
Riga,
verlegts Johann Friedrich Hartknoch
1781.

【図33】『純粋理性批判』第一版（1781年）の扉

Critik
der
reinen Vernunft
von
Immanuel Kant,
Professor in Königsberg,
der Königl. Academie der Wissenschaften in Berlin
Mitglied.
Zwote hin und wieder verbesserte Auflage.
Riga,
bey Johann Friedrich Hartknoch
1787.

【図34】『純粋理性批判』第二版（1787年）の扉

†沈黙の一一年と「批判期」のカント

さて、話はもとに戻って、先に書名を挙げました一七七〇年の教授就任論文『可感界と可想界の形式と原理について』を最後に、カントは一一年間、新たな著作を発表することなく過ごします。そして、一七八一年、五七歳のとき、『純粋理性批判』第一版を出版、以後次々と著作が刊行されます。『純粋理性批判』からのこの時期を「批判期」と呼んでいます。これに対して、一七七〇年までを、「前批判期」と呼びます。

批判期以降のカントの主要な著書（論文は除きます）を挙げてみましょう。とりあえず、出版年と日本語の表題のみにしておきます。

一七八一年『純粋理性批判』第一版
一七八三年『学問として現れうるであろうすべての将来の形而上学へのプロレゴーメナ〔序説〕』
一七八五年『人倫の形而上学の基礎づけ』
一七八六年『自然科学の形而上学的基礎』
一七八七年『純粋理性批判』第二版
〃『実践理性批判』（出版年は一七八八年と印刷されています）
一七九〇年『判断力批判』
〃『純粋理性の新たな批判がすべて古い批判によって無用となるという発見について』
一七九三年『単なる理性の限界内における宗教』
一七九五年『永遠の平和のために』
一七九七年『人倫の形而上学』
一七九八年『諸学部の争い』

〃　『実用的見地における人間学』

本書で特に取り上げるのは、そのうち、次のものです。改めて、ドイツ語名を添えて、書き上げてみます。

一七八一年『純粋理性批判』（*Kritik der reinen Vernunft* クリティーク・デア・ライネン・フェアヌンフト［Riga: Johann Friedrich Hartknoch, 1781］「クリティーク」の綴りは、もともと 'Critik' でした）第一版（通常この第一版を「A版」と呼んでいます）

一七八三年『学問として現れうるであろうすべての将来の形而上学へのプロレゴーメナ〔序説〕』（*Prolegomena zu einer jeden künftigen Metaphysik, die als Wissenschaft wird auftreten können* ［Riga: Johann Friedrich Hartknoch, 1783］）

一七八六年『自然科学の形而上学的基礎』（*Metaphysische Anfangsgründe der Naturwissenschaft* ［Riga: Johann Friedrich Hartknoch, 1786］）

一七八七年『純粋理性批判』第二版（通常この第二版を「B版」と呼んでいます）

一七九〇年『純粋理性の新たな批判がすべて古い批判によって無用となるという発見について』（*Über eine Entdeckung, nach der alle neue Kritik der reinen Vernunft durch eine ältere entbehrlich gemacht werden soll* [Königsberg: Friedrich Nicolovius, 1790]）

また、本書では取り上げませんが、「批判期」のカントを理解しようとすると、「前批判期」のものを同時に見ておく必要がしばしばあります。特に、

一七七〇年『可感界と可想界の形式と原理について』（*De mundi sensibilis atque intelligibilis forma et principiis* デー・ムンディー・セーンシビリス・アトクェ・インテッリギビリス・フォールマー・エト・プリーンキピイース [Königsberg: Johann Jakob Kanter, 1770]、教授就任論文）

は、とりわけ重要な位置を占めます。カントの『純粋理性批判』は、この論文に不満を残したカントが、その新たな完成に向けて努力した結果なのです。

†晩年、そして逝去

一一年の沈黙ののち、重要な著作を次々と発表したカントは、その名声を高めるのですが、常に平穏な日々を過ごしたわけではありません。例えば、一七八六年に、フリードリ

ッヒ二世が逝去し、甥のフリードリッヒ・ヴィルヘルム二世（Friedrich Wilhelm II, 1744-1797 在位 1786-1797）が即位すると、新たな王は啓蒙主義に反対で、フランス革命が始まると、革命に対して反対の態度をとります。カントはフランス革命に同情的でした。こうした経緯の中で、一七九四年に、カントは先に挙げた『単なる理性の限界内における宗教』の出版がもととなって、国王から宗教について論じることを禁じられる、ということがありました。

カントが亡くなったのは一八〇四年二月一二日のことでした。満七九歳でした。数年前から老衰が進み、カントは生涯独身でしたから、かつてカントの助手をしていたエーレゴット・アンドレアス・ヴァジアンスキ（Ehregott Andreas Wasianski, 1755-1831）と、末の妹が、カントの世話をしていました。

カントは葡萄酒を水で薄めて砂糖を入れたものを摂り、'Es ist gut.'（エス・イスト・グート。おそらく「もうこれで十分」という意味です）と言って旅立ったと伝えられています。墓は今もカリーニングラートに残っています。

なお、カントが残した遺稿は、『オプス・ポストゥムム』（*Opus Postumum*）として刊行されています。

第2章

なぜ「物自体」VS「表象」なのか?

†最初の疑問——物自体と表象

カントの『純粋理性批判』を開くと、「表象」という言葉がいきなりたくさん出てきます。「表象」ってなんだろうと思っていると、そのうち、ああ、とりあえずは、目で見たり耳で聞いたり味覚で感じたりする、要するに感覚によって今感じているもののことなのかなと思えるようになります。ところが、それって物の性質じゃないのかな。物の色とか形とか、そういうものだとしたら、どうして「物の性質」って言わないんだろう、という疑問が湧いてきます。そして、そうこうしているうちに、「物自体」というのが並行して出てきて、それは私たちにはどういうものかわからない、認識不可能って言われるんです。え、「物自体」を「物そのもの」と言い換えていいとしたら、見えている色とか形とかは、そういった「物そのもの」の性質じゃないの？ そんな疑問に捉えられて、本当に困ってしまうということに、もしかしたらなるかもしれません。

その上、「概念」というのが出てきて、これも「表象」と言われます。え、「表象」にはいくつかの種類があるのか。そう思っていると、今度は繰り返し、私たちが認識しているものは「物自体」じゃなくて、「現象」だと言われるのです。うひゃあ、それってなんだろう……。

『純粋理性批判』を読んでいると、こんな素朴で、しかも重要な疑問が、いっぱい出てきます。

そう、そうなんです。カントはカントの時代を生きていますし、私たちは私たちの時代を生きています。ですから、カントにとって、そこから始めていいと思っているものも、私たちにはそこから始められては困るんだがなあといったことが、多々あるのです。となると、彼が「自明視」に近い形で前提していること、これをいったんよくよく解きほぐさなければなりません。

では、どのあたりから解きほぐしたらいいのか。これにはいくつかのやり方があるのですが、本書では、「物自体」と「表象」の違いから始めてみたいと思います。

†物自体

「物自体」。ドイツ語では「ディング・アン・ジッヒ」（Ding an sich「ディング」は英語の thing にあたるもので、ドイツ語では名詞は基本的に大文字で書き始めます）と言います。もっと強調的に、「物自体そのもの」（Ding an sich selbst ディング・アン・ジッヒ・ゼルプスト）と言うこともあります。この「物自体」が私たちの感覚能力に刺激を与えて、なにかが見えたりなにかが聞こえたり、なんらかの味がしたりする、とカントは考えます。

では、その「物自体」というのは、今見えている「物」、この本とか、窓とか、窓の向こうの風景とかのことなのかというと、そうではありません。今見えている「物」は、見えている色や見えている形などからなっていますよね。とすると、それは「物自体」が私たちの感覚能力を刺激した結果見えているものなので、刺激という過程を経た「結果」です。刺激している当の「物自体」じゃないんです。

あ、そうか。カントに言わせれば、私たちが今見たり触ったりして（つまり感覚によって）知覚している「物」は、彼の言う「物自体」じゃないんだ。そう思っていただけました？　そうなんです。私たちが今「感覚によって」知覚しているさまざまな「物」、それと、「物」が持っているさまざまな性質は、それが感覚によって知覚されているものである限り、カントに言わせれば「物自体」じゃなくて、「物自体」が私たちに刺激を与えた「結果」なんです。

じゃあ、物自体はと言うと、それは私たちの感覚能力を刺激することはするのですが、私たちが実際に知覚しているのはその「結果」ですから……、あ、だから物自体は、感覚によってじかに知覚することができないんだ！　そうなんです。私たちが感覚によって知覚しているのは、みなその結果ばかりで、当の刺激を与えている物自体は、私たちの知覚の対象とはならないのです。

†触発と表象

私は今「刺激を与える」とか「刺激する」とか言いましたが、カントはこれを（現代ドイツ語の標準の綴りで表記しますと）'affizieren'（アフィツィーレン）と言います。この言葉は、我が国のカント学者の間では一般に「触発する」と訳されていますので、これからは「触発する」という言い方をしましょう。物自体が私たちの感覚能力を「触発」して、その結果、今見えているような、色鮮やかな世界が見えるのです。色だけじゃありません。形も見え、音も聞こえ、味も匂いもするし、触るとさまざまな感触が得られますよね。こういうのはみな、「物自体」による「触発」の結果なのです。

ところが、そういうことになりますと、私たちが感覚によって知覚しているそういう色や形、音や味や匂いやさまざまな触覚的感触、それに加えて、こういうさまざまな性質を持っている、私たちが普段「物」と思っているものは、いったいどこにあるのでしょうか。そりゃあ、「物」は外にあるに決まっていて、だから「物」の性質も外にあるに決まっている？　ですよね。でも、それらは「触発」の「結果」、知覚されるものですよね。そうすると、そもそも「物自体」はどこにあるのでしょう。それは外にある？　なにしろ私たちの感覚能力を触発するというくらいですから、そうですよね。そうすると、物自体が私たちの外にあるのに、それから触発されて知覚される「物」や「物」の性質も外にあるとすると、外に二重に「物自体」と「物」とがあることになりますよね。

そうなんです。ですから、「物自体」が外にあると言うのなら、それが私たちを触発して私たちに知覚させている色や形や、そういったさまざまな性質を持つ「物」は、私たちの、そう、「心の中に」あると言うしかなさそうです。

そんなロジックなんです。私たちが日常、直接知覚していると思っている「物」は、カントに言わせれば、物自体とは違って、物自体と同じように外にあるとは言えないのです。だったら、どう言ったらいいかというと、近代のヨーロッパでは、ほかに手がなくて、そういう場合、触発の結果知覚されるものは「われわれの内にある」、あるいは「心の中にある」、と言うことにしました。例えば彼は次のように言います。

われわれが扱うことのできる対象は、みなことごとくわれわれの内にある。(A一二九)

カントの場合、外には「物自体」があり、他方、それが私たちの感覚能力を触発して私たちに知覚させる色や形など——あるいはそういう性質を持つ「物」——は、すべて「心の中にある」というわけです。そして、そういう、「心の中」にあって意識の対象となるものを、カントは「表象」と呼ぶことにします。あ、それで「表象」なんだ。そうなんです。

ですから、私たちが知覚している色や形、音や味や匂いやさまざまな感触、そして、そういったさまざまな性質を持つ、私たちが日常「物」と思っているものは、みな「表象」なのです。(「心の中」にあって意識の対象となるもの、つまり「表象」は、感覚的に知覚されるものだけではありません。このことについては、のちほど説明することにします。）

「表象」のもとのドイツ語は'Vorstellung'（フォーアシュテルング）です。'Vor-'（フォーア）は「前に」、'stellung'（シュテルング）は「置かれたもの」を意味します。ですから、「フォーアシュテルング」というのは、「前に置かれたもの」、「前にあるもの」のことです。何の前にあるかというと、私たちの心の前です。というわけで、「表象」は、心（意識）の対象となっているもの、意識に現れているものを意味します。

†原子論の「二重存在」説

「物自体」があり、それが私たちの感覚能力を「触発」して、その結果「表象」が心の中に現れる。カントによれば、私たちが今直接感覚によって知覚しているものはみな、触発の結果心の中に現れている表象です。

では、カントはどうしてこのように考えるのでしょうか。物があり、それが私たちの感覚器官を刺激し、その結果いろんな物が見えたり聞こえたりするというのは、私たちの日常生活の中でもそれはそうだろうと思えるようなことなのですが、ところがカントは、刺激を与える物自体は、私たちが日常「物」だと思っているようなものとは違って、それがどういうものかはわか
らないと、繰り返し主張します。どうして「それがどういうものかはわからない」のか。そのことはちょっと措いておきまして、このような、なにかが私た

ちを触発して心の中に別のなにかが現れるという構図がどこから来たのか、それをまず見ておきましょう。それはそもそも、カントがゼロから考え出したものではないのです。

第1章で見ましたように、カントは一八世紀から一九世紀にかけての人ですよね。その一つ前の一七世紀に、古代のギリシャで開発された原子論が復活します。さまざまな現象をうまく説明するには、私たちが感覚で捉えている色や味や匂いや熱さ・冷たさなどのような性質は持たず、形や大きさ、運動といった性質だけを持つ小さな原子が、空虚（真空の空間）の中を運動してくっついたり離れたりしていると仮説的に考えるのがよいとする見解です。

原子はあまりに小さくて、一つ一つは私たちの感覚では捉えられないとされます。この原子と空虚だけから、あらゆる自然現象を説明しようとしたのです。

一七世紀の科学者は、この考え方をよく「粒子仮説」と表現しました。粗大な物体は形や大きさなどしか持たない多数の小さな粒子からなるという考えで、英語では'corpuscularian hypothesis'（コーパスキュラリアン・ハイポセシス）と言われました。ラテン語で物体を'corpus'（コルプス）、小さい物体（つまり粒子）を'corpusculum'（コルプスクルム）と言います（クルム -culum が付くと、「小さい」という意味が付加されることになるのです）。この「コルプスクルム」が英語に入って'corpuscle'（コーパスル）となり、その形容詞形が'corpuscularian'（コーパスキュラリアン）です。そのようなわけで、「コーパスキュラリアン・ハイポセシス」は、「粒子の仮説」、つまり「粒子仮説」です。

この原子論（粒子仮説）に改良が加えられて、今日の原子仮説に至っています。今も私たちはその延長線上でものを考えています。が、それはともかく、その原子論（粒子仮説）の基本は、私たちが日常親しんでいるこのいわば「色つきの世界」に対して、原子（粒子）と空虚だけからなるもう一つの世界を、仮説的に、それと重ね合わせて考えようとするものでした。もちろん、現象をより合理的に説明するため、原子には、色や味や、私たちが感じているような熱さ・冷たさなどはないとされています。

では、どうして私たちが色つきの世界を知覚しているかというと、それは、粒子が私たちの身体の感覚器官に刺激を与え、その結果私たちが色や味や熱さ・冷たさを、形や運動などとともに感じるようになっているからそうなるのだと説明されます。つまり、私たちは、ある種の刺激が感覚器官に与えられると、形や運動だけでなく色や味や熱さ・冷たさなどを感じるようにできているので、このような日常親しんでいる色つきの世界が知覚されるのだと考えられたのです。この考え自体は、古代ギリシャの原子論の創始者の一人、デモクリトス（Δημόκριτος, c. 420 B. C.）が、明確にこれを述べていました。

ノモスによって甘さ、ノモスによって辛さ、ノモスによって熱さ、ノモスによって冷たさ、ノモスによって色。しかし、本当は、原子と空虚。

ここに繰り返し出てくる「ノモスによって」という言葉は、わかりやすく言い換えますと、「私たちが、自分の感覚器官に外部から刺激を受けると、その結果このように感じるようにできているものだから」ということを意味します。甘さも辛さも熱さも冷たさも色も、本当はそんなものはなくて、私たちが外部から刺激を受けるとそう感じるようにできているものだから、そう感じるだけなのだ、というのです。

外にあると仮説的に想定される、粒子と空虚からなる世界とは別に、粒子が私たちの感覚器官を刺激して私たちが感覚的に知覚する色つきの世界。いわば、「二重存在」構造です。原子論はこのように、二重存在を認める典型的な学説なのです。

†物そのもの——触発——観念

粒子仮説によって新たな世界が外の世界として想定されると、日常私たちが親しんでいる色つきの世界は、これも外の世界だというわけにはいきません。そこで、一七世紀の先端の科学者たちは、これを「心の中」に位置づけました。外には粒子と空虚からなる仮説的世界があり、私たちが日常慣れ親しんでいる世界は「心の中」に置き換えられることになります。

ですが、日常慣れ親しんでいる世界とは別に、実在する世界が仮説的に考えられている以上、日常慣れ親しんでいる世界をそれと同じように「世界」と呼び続けるわけにはいきません。そこで採用されたのが、一七世紀前半に活躍した科学者ルネ・デカルト（René Descartes, 1596–1650）の語法です。

デカルトはある理由から空虚（真空の空間）を認めませんでした（第1章にそのことが少し出てきましたよね）。ですから、彼は原子論者ではないのですが、原子論に非常に近い形で世界を捉えようとしました。そのデカルトが、外にある粒子からなる世界に対して、心の中に現れる意識の対象となるものをすべて「観念」と呼ぶことにしました。心の中の「観念」です。もとはラテン語で 'idea'（イデア）です（この言葉のルーツは、古代ギリシャのプラトンの「イデア」[ἰδέα「イデアー」なのですが、「ア」が長母音であることを無視して「イデア」と呼ぶのが我が国では通例です」にあります）。

心の中に現れ、意識の対象となるものをすべて「観念」と呼ぶデカルトのこの語法は、広くヨーロッパで用いられるようになり、これが粒子仮説に採用されます。粒子仮説の考え方を整理してみせたジョン・ロック（John Locke, 1632–1704）は、新たに仮説的に外にあると想定される「物」を、しばしば「物そのもの」（Thing itself 実際には複数の 'Things themselves' という形をとります。なお、ロックは主要な名詞を大文字で書き始めます）と呼びました。

しかも、ロックは、この「物そのもの」が感覚器官を刺激することを、英語で 'affect'

【図35】ルネ・デカルト

【図36】ジョン・ロック

（アフェクト）と表現しました。これをドイツ語化すると、先ほどの'affizieren'（アフィツィーレン、触発する）となります。つまり、「物そのもの」が感覚器官を触発するというのです。では、その結果何が心の中に生じるかというと、それが先ほどの「観念」です。「物そのもの」が感覚器官を「触発」して心の中に「観念」が生じるという構図です。

この構図からすれば、私たちが日常親しんでいる感覚によって知覚されている物やその性質は、すべて「心の中の観念」ということになります。

カントは、「物そのもの」—「触発」—「観念」というすでにあったこの構図をもとに、先ほどの「物自体」—「触発」—「表象」という枠組みを、自身の考察の基礎に据えます。ドイツ語にはプラトンの「イデア」

由来の'Idee'(イデー)という言葉があるのですが、カントはこれを「理念」等を意味する言葉として残し、「観念」にあたる言葉としては、先ほどの'Vorstellung'(フォーアシュテルング、表象)を採用します。そこで、「物自体」—「触発」—「表象」となるのです。

†ロックに関するカントの知識

カントがスコットランドを自分のルーツとして意識していたことは、第1章で述べたとおりです。それはともかく、カントはスコットランドやイングランドの哲学を、かなりよく知っていました。スコットランド生まれのヒュームのことはまたのちほど取り上げることにして、ここでロックとカントの関係について、少し見ておきたいと思います。

【図37】ブリテン島とアイルランド

カントが学生時代にクヌーツェンに心酔していたことは、第1章で述べたとおりです。そのクヌーツェン、イギリス哲学を重視していましたよね。彼がロックの著作を翻訳しようとしていたという報告が残っています。カントは学生時代に、クヌーツェンからニュートンの著作を借りて読んだと言われていますが、それだけでなく、イギリスの思想、特にロックのそれに関する知識を得る機会を、すでに持っていたと考えられます。

第1章で触れましたように、カントは英語ができませんでしたが、ラテン語はきわめて堪能でした。ですから、カントは、ニュートンの『自然哲学の数学的原理』(一六八七年)を、ラテン語原典で読むことができました。

では、ロックの著作に関してはどうでしょうか。本書のテーマとの関係では、ロックの著作のうち、特に『人間知性論』(*An Essay Concerning Human Understanding* [London, 1689])が重要ですが、この本は英語で書かれていました。ですから、カントはこれを原文で読むことはできませんでした。

ですが、この『人間知性論』には、アイルランドのエゼキエル・バリッジ(Ezekiel Burridge, c. 1661-1707)の翻訳によるラテン語版(*De Intellectu Humano* [London: Awnsham and John Churchill, 1701])がすでにロックの晩年に公刊されており、また、一七〇九年にはそれがライプツィヒで再刊され(*Johannis Locki Armigeri Libri IV de Intellectu Humano* [Leipzig: Theophilus Georgius, 1709])、一七四一年にはその改訂版がライプツィヒの同じ出版社から刊行されていました。ですから、カントは『人間知性論』をラテン語で読むことができたのです。

『人間知性論』は、のちにドイツ語版(*Herrn Johann Lockens Versuch vom menschlichen*

Johannis Lockii,
Armigeri
LIBRI IV
DE
INTELLECTU
HUMANO.
Eccles. XI, 5.
Quemadmodum ignoras, quae sit via venti, ut ignoras, qua via ossum in utero gravida: ita ignoras opus ipsius Dei, qua via faciat haec omnia.
Cicero de Nat. Deor. L. 1.
Quam bellum est confiteri potius nescire, quod nescias quam ista effutientem nauseare, atque ipsum sibi displicere!
Novissima editio juxta Exemplar Londini Anno 1701. in fol. editum, expressa, summoque studio a vitiis typographicis in illo occurrentibus purgata.
LIPSIÆ,
Sumptibus THEOPHILI GEORGI,
1709.

【図38】1709年にライプツィヒで出版されたロック『人間知性論』ラテン語版の扉

Herrn Johann Lockens
Versuch
vom
Menschlichen Verstande.
Aus dem Englischen übersetzt
und
mit Anmerkungen versehen
von
Heinrich Engelhard Poleyen,
Professor der Philosophie und Mathematik zu Weißenfels.
Altenburg, in der Richterischen Buchhandlung. 1757.

【図39】ロック『人間知性論』ドイツ語版（1757年）の扉

Verstande [Altenburg: Richter, 1757]）が出版されます。これは、ハインリッヒ・エンゲルハルト・ポーライ（Heinrich Engelhard Poley, 1686–1762）が、一七二七年にロンドンで出版されたロックの著作集第三版（*The Works of John Locke Esq.* [3rd edn., London: Bettesworth, Parker, Pemberton, and Symon, 1727]）の第一巻をもとに、ドイツ語訳したものです。ですから、カントがこれを参照した可能性もあります。

　ただし、『純粋理性批判』第一版の刊行のあとカントがその書の意義を解説してみせた『プロレゴーメナ〔序説〕』（一七八三年）では、カントがロックに言及するとき、ロックが専門用語として多用している「観念」（Idea）を彼は「表象」（Vorstellung）と表現しているのに対して、ポーライのドイツ語訳ではこれが'Begriff'（ベグリフ）となっています。カントが『純粋理性批判』等においてこの「ベグリフ」という言葉（一般に「概念」と訳されます）を「表象」とは区別して用いたこと（あとで確認しますように、「表象」は「概念」よりも適用範囲が広いのです）を考えますと、カントがポーライのドイツ語版を参照しながら'Begriff'という訳語は採用しなかったという可能性はあるのですが、むしろカント自身はロックをもっぱらラテン語訳で読んでいたというのが正解なのかもしれません。

†ロックとのもう一つの関係

カントがロックのことをどのようにして知るに至ったかについて、もう一つ触れておきたいことがあります。

カントは、私講師になったばかりの頃、「キュプケ教授」のところに寄宿していたことは、これも第1章で述べたとおりです。そこで触れましたように、この「キュプケ教授」は、論理学・形而上学正教授のヨーハン・ダーフィット・キュプケだったかもしれませんが、もしかしたら、彼の甥の、ゲオルク・ダーフィット・キュプケ（Georg David Kypke,

1724-1779）だったかもしれません。この人はカントよりも半年ほど若く、フリードリッヒ学院でもケーニヒスベルク大学でもカントの学友だった人です。ハレ大学に転学し、一七四四年にそこでマギスターの学位を得、一七四六年にケーニヒスベルク大学の東洋語（ヘブライ語）の准教授（員外教授）に就任、一七五五年には正教授になっていました。

このキュプケは英語の講義もしており、一七五五年にはロックの遺稿『知性の導き方について』（*Of the Conduct of the Understanding*）のドイツ語訳（*Johann Lockens Anleitung des menschlichen Verstandes zur Erkäntniß der Wahrheit nebst desselben Abhandlung von den Wunderwerken* [Königsberg: Johann Heinrich Hartung, 1755]）を出版しています。

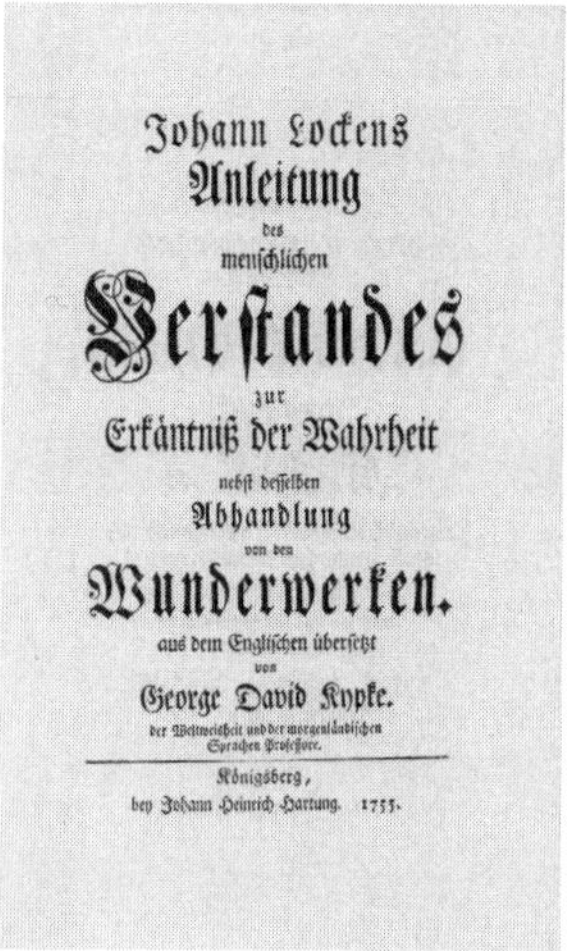
Johann Lockens
Anleitung
des
menschlichen
Verstandes
zur
Erkäntniß der Wahrheit
nebst desselben
Abhandlung
von den
Wunderwerken.
aus dem Englischen übersetzt
von
George David Kypke.
der Weltweisheit und der morgenländischen Sprachen Professore.
Königsberg,
bey Johann Heinrich Hartung. 1755.

【図40】ロック『知性の導き方について』ドイツ語版（1755年）の扉

ロックの『知性の導き方について』は、講義においてロックを称賛していたクヌーツェンがドイツ語訳を試み、彼の早世により出版には至っていませんが、ともかくカントにとって、この書もまた早くから大きな意味を持っていたと考えられます。

†物自体はなぜ認識不可能なのか

そういうふうに、カントは早くからニュートンの著作ばかりか、ロックの思想に親しんでいました。復活した原子論の持つ二重存在構造をロックはデカルトの観念語法を用いて「物そのもの」―「触発」―「観念」の枠組みとして表現しましたが、このロック的枠組みを、カントは「物自体」―「触発」―「表象」の枠組みとして受け継いだのです。

ロックの枠組みについては、物そのもののあり方をわからなくするものだと、その論理を誤解した解釈が久しく行われてきました。どうしてそのように言われてきたかというと、私たちに直接知覚されるのが「物そのもの」ではなくて「観念」だというのなら、「観念」が邪魔をして物そのものがわからないことになるのではないかと誤解されたのです。でも、この解釈は、仮説のロジックを理解していないことによる、まったくの誤解です。

私たちは日常さまざまなものを直接知覚していると思っています。ところが、さまざまな理由から、私たちが知覚しているものがそのまま物のあり方を示しているとは考えづらいとわかります。例えば、コップの水に浸したストローは、曲がって見えますけれども、本当は曲がってはいないと考えますよね。このような「錯覚」の事例は、蜃気楼や逃げ水など、日常たくさんあって、「私たちが知覚しているものがそのまま物のあり方を示しているとは考えづらい」とする理由の一つとなっています。

また、同じ物の性質が、人の体調によって違って感じられることもよくありますよね。いつも甘いチョコレートの味が、二日酔いのときなどは微妙に苦く感じたり。それに、私たちがこう感じるものを、別の動物は別様に感じているらしいと思うこともあります。こうした場合、どの感じ方が物の本当の性質なのか。考えてみればみるほど、すっきりとした結論は出そうにありません。自分が慣れ親しんでいる感じ方がその物の本当の性質だというのは、ロジカルにはどうもまっとうな話ではなさそうです。

こうしたことは、物のあり方と私たちが感覚的に知覚することとが乖離している可能性を考えさせる、身近な理由の一部です。そうした身近な理由はもとより、実にさまざまな科学的理由から、私たちが知覚している日常的な「物」のいわば向こうに、本当の物の世界を仮説的に想定することが、古来多くの科学者によって行われてきました。原子論はその典型です。日常知られている色つきの世界とは非常に異なる世界を、新たに仮説的に想定するのですから。こうして、さまざまな理由のもとに、新たな世界像が仮説的に想定されますと、私たちが日常慣れ親しんでいる色つきの世界は、そうした新たな世界に存在するとされるものから私たちがなんらかの影響を受けた結果知覚されるものして、読み直されることになります。

ここでは、新たな「物そのもの」のあり方をさまざまな理由から仮説的に想定することが、先行しています。そして、その結果として、私たちがこれまで慣れ親しんできた世界が、私たちの心の中の観念からなるもの——つまり、そうした新たな物そのものが私たちの感覚器官を「触発」した結果私たちが知覚するもの——として、捉え直されるのです。

ですから、この「物そのもの」—「触発」—「観念」の枠組みは、私たちと「物そのもの」との間にむりやり「観念」なるものを割り込ませて「物そのもの」が知覚できないようにしたものではなくて、諸種の理由から新たな「物そのもの」を考えざるをえなくなり、その結果日常親しんでいる色つきの世界を、外にある物の世界から心の中にある「観念」の世界へと読み直してできたものなのです。

科学的仮説は、肉眼によるものにせよ、電子顕微鏡や電波望遠鏡などさまざまな装置によるものにせよ、最終的には私たちが（肉眼で、あるいはモニター画面上などで）直接知覚しているものが示す情報を重要な手がかりとして立てられます。これは、デカルトやロックの語法では「観念」です。つまり、私たちが直接知覚しているものが「物」や「物」の「性質」から「観念」へとその地位を変更しても、そうした直接知覚されているもの（つまり観念）が「物そのもの」を仮説的に構想するための重要な手がかりであり続けていることに変わりはないのです。

けれども、先に言いましたように、この「物そのもの」—「触発」—「観念」という構図は、「物そのもの」をわからなくする構図であると、ある一群の人々から言われ続けてきました。カントが物自体を認識不可能と考えたのは、一つにはこのことと関わりがあると考えられます。

†バークリの場合

ロック的な枠組みを「二重存在」(twofold-existence)という言葉で特徴づけた人に、ジョージ・バークリ(George Berkeley, 1685-1753)がいます。『人間知性論』に見られるロックの考えをよくよく知りながら、その考えでは「物そのもの」がわからなくなると考え、観念ではなく「物そのもの」、つまり「物質」のほうを否定すること――「物質否定論」(immaterialism イマテリアリズム)――を提唱した人です。言い換えれば、近代ヨーロッパの、元祖「観念論」者です。このバークリが、一七一〇年(二五歳のとき)にダブリンで出版した『人間の知識の諸原理についての論考』(*A Treatise Concerning the Principles of Human Knowledge* [1710])の中で、この「二重存在」について次のように述べています。

これ〔二重存在の肯定〕は、懐疑論の根源にほかならない。というのも、実在物が心の外に存立し、自分たちの知識は実在物と合致する限りにおいてのみ本当の知識であると人々が考える限り、彼らは自分たちが本当の知識を持っていると確信することができないからである。というのも、知覚されるものが、知覚されないもの、あるいは心の外に存在するものと合致することが、どうして知られようか。(『人間の知識の諸原理について

の論考』第一部第八六節）

つまり、「二重存在」を認めるのであれば、心の外に実在するとされるものについては知識を得ることはできないというのです。

†ヒュームの場合

こうして、バークリ自身は二重存在を認めず、物質否定論の立場を採るのですが、二重存在説に対するこの「実在物はわからない」という見方は、バークリに続いて登場するデイヴィッド・ヒューム（David Hume, 1711-1776）にも認められます。

のちに（第5章で）確認しますように、ヒュームはとりわけ批判期のカント哲学にとって、重要な役割を担う人でした。第1章で見ましたように、ヒュームは、一七三九年から一七四〇年にかけて『人間本性論』（*A Treatise of Human Nature*〔London, 1739-1740〕）を出版し、また一七四八年にはその要点を改訂して簡潔に示す『人間知性についての研究』（*An Enquiry Concerning Human Understanding*〔1748〕）を出版します。前者の『人間本性論』には、次のような言葉があります。

感官から生じる印象については、私の見るところ、それらの究極の原因は、人間理性によってはまったく解明することができない。そして、それらは対象から直接生じるのか、心の創造力によって生み出されるのか、われわれを存在せしめた者に由来するのかを、確実に決定することは常に不可能であろう。（『人間本性論』第一巻第三部第五節）

ヒュームの場合、「印象」という言葉は、ロックの言う「観念」のうち、感覚や感情など、鮮やかな現れ方をするものを表現するのに使われます。当面の話題との関係で言えば、ヒュームはここで、「感官から生じる印象」――すなわち感覚としての観念――について、その原因はわからないと言っているのです。

【図41】デイヴィッド・ヒューム

もう一つ、ヒュームの言葉を見てみましょう。今度は『人間知性についての研究』です。

感官の知覚がそれに似た外的対象によって生み出されるかどうかは、事実についての問いである。この問いはどのようにして解決されるだろうか。同じような種類の他のあらゆる問いがそうであるように、もちろん、経験によってである。しかし、この場合、経験はまったくなにも語らず、なにも語らないに違いない。心は知覚以外には心に現前するものをけっして持たず、知覚と対象との結合を経験できるはずがないのである。(『人間知性についての研究』第一二節第一部一一九)

ここでも、知覚されるのは「感官の知覚」すなわち「感官から生じる印象」だけであって、その原因であるはずの「外的対象」は確認できないことが、示唆されています。あとで見ますように、ヒュームに対するカントの心酔ぶりが本当だとしますと、ヒュームのこうした見解に促されてカントが物自体を認識不可能と考えるに至った可能性は、否定できません。

†カントの言い分

実際カントは、『純粋理性批判』第一版で、次のように述べています。

私は元来外的な物を知覚することはできず、私の内的知覚を、なんらかの外的なものを直近の原因とする結果と見ることによって、その内的知覚から外的な物が現実に存在することを推論することができるだけである。けれども、そもそも与えられた結果から特定の原因を推論することは、常に不確かである。というのも、結果は、複数の原因から生じることがありうるからである。そのため、知覚とその原因との関係においては、原因が内的なのか外的なのか、したがって、いわゆる外的知覚はすべてわれわれの内的感官の戯れにすぎないかどうか、あるいは外的知覚は、その原因として、外的な現実の対象に関係するかどうかは、常に疑わしい。（A三六八）

知覚の原因が何であるかは定かではないというカントのこの言葉が先のヒュームの発言とオーバーラップすることは明らかでしょう。

バークリが、いっそのこと観念を残して「物そのもの」とか「物質」とかは存在しないことにすべきであると考えたのに対して、ヒュームは物そのものはないとは言わないのですが、ともかく私たちが見たり感じたりしているもの（つまり彼の言い方では「印象」）がどのような「原因」を持っているかはわからないと考えます。つまり、仮説的に物を考え「二重存在」を認めることによって成立するところの「物そのもの」―「触発」―「観念」という基本的構図を捨てるわけではないものの、「観念」の原因については「私たちにはわからない」という態度をとるのです。右の引用に見られるカントの見解は、少なくとも考え方としては、このヒュームの見解にきわめて近いところにあります。

カントが「物自体」は認識不可能としながら、それにもかかわらずロック的な枠組みを維持したことは、第8章で検討します。それはともかく、以上で、カントが採用した「物自体」―「触発」―「表象」という枠組みが、実は近代の新たな科学の歩みの延長線上にあったということが、ご理解いただけたのではないかと思います。

†超越論的観念論

私たちが日常、世界だと思っているもの、カントはこれをしばしば「自然」(Natur ナトゥーア) と呼びます。これが「表象」からなる世界だということ――つまり、「観念」からなる世界だということ――は、私たちにとってこの自然ないし世界は、心の中にあるということですよね。

「物自体」はちゃんとあるとカントは主張しながら、でも、そのことを別とすれば、私たちが日常慣れ親しんでいる世界は、デカルトやロックのような人々の語法からすれば、「観念」の世界です。その「観念」をカントは「表象」と表現します。ですから、「物自体」の存在を前提とするカントの立場では、私たちが親しんでいる世界は、「表象」(すなわち「観念」) からなる世界なので、カントはこうした自分の立場を「超越論的観念論」(transzendentaler Idealismus トランスツェンデンターラー・イデアリスムス) と呼んでいます。

「超越論的」という言葉を、カントは『純粋理性批判』のいくつかの箇所で説明していますす。ここではとりあえず、「物自体」の存在を前提して認識の可能性を考える立場を表す言葉だと思っておいてください。で、そういう立場では、私たちの知っている世界は心の中の観念からなる世界だというわけですから、「超越論的観念論」なのです。

†バークリの観念論との違い――「ゲッティンゲン批評」をめぐって

こうしたカントの主張にもかかわらず、カントが一七八一年に『純粋理性批判』第一版を出したとき、これはバークリの観念論と同じじゃないかと言われました。

カントの『純粋理性批判』第一版に対する初期の批判に、「ゲッティンゲン批評」（'Die Göttinger Recension'）と呼ばれている匿名の批評があります。『ゲッティンゲン学術評論増補版』（*Zugabe zu den Göttingischen Anzeigen von gelehrten Sachen*）の一七八二年一月一九日号（四〇～四八ページ）に掲載された書評で、クリスティアン・ガルフェ（Christian Garve, 1742-1798）が書き、それをヨーハン・ゲオルク・ハインリッヒ・フェーダー（Johann Georg Heinrich Feder, 1740-1821）が短縮・改竄（！）したものです。その批評は、次のように締め括られています。

〔バークリをはじめとする〕観念論者が行おうとする最も極端な主張を受け入れ、われわれがそれについてなにかを知りなにかを語ることができるものはすべて表象や思考法則でしかないとするのであれば、〔つまり〕ある法則に従ってわれわれの中で変様され秩序づけられている表象がまさにわれわれが対象や世界と呼んでいるものであるとするのであれば、〔著者カントは〕何のためにこの広く受け入れられている〔「観念論」という〕

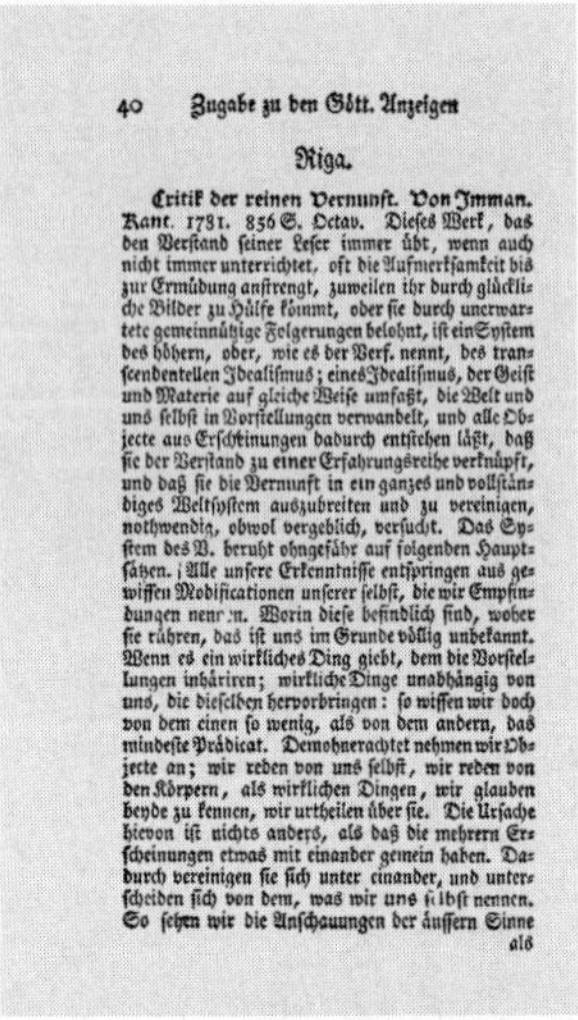
40 Zugabe zu den Gött. Anzeigen

Riga.

Critik der reinen Vernunft. Von Imman. Kant. 1781. 856 S. Octav. Dieses Werk, das den Verstand seiner Leser immer übt, wenn auch nicht immer unterrichtet, oft die Aufmerksamkeit bis zur Ermüdung anstrengt, zuweilen ihr durch glückliche Bilder zu Hülfe kömmt, oder sie durch unerwartete gemeinnützige Folgerungen belohnt, ist ein System des höhern, oder, wie es der Verf. nennt, des transcendentellen Idealismus; eines Idealismus, der Geist und Materie auf gleiche Weise umfaßt, die Welt und uns selbst in Vorstellungen verwandelt, und alle Objecte aus Erscheinungen dadurch entstehen läßt, daß sie der Verstand zu einer Erfahrungsreihe verknüpft, und daß sie die Vernunft in ein ganzes und vollständiges Weltsystem auszubreiten und zu vereinigen, nothwendig, obwol vergeblich, versucht. Das System des V. beruht ohngefähr auf folgenden Hauptsätzen. ¡ Alle unsere Erkenntnisse entspringen aus gewissen Modificationen unserer selbst, die wir Empfindungen nenn:n. Worin diese befindlich sind, woher sie rühren, das ist uns im Grunde völlig unbekannt. Wenn es ein wirkliches Ding giebt, dem die Vorstellungen inhäriren; wirkliche Dinge unabhängig von uns, die dieselben hervorbringen: so wissen wir doch von dem einen so wenig, als von dem andern, das mindeste Prädicat. Demohnerachtet nehmen wir Objecte an; wir reden von uns selbst, wir reden von den Körpern, als wirklichen Dingen, wir glauben beyde zu kennen, wir urtheilen über sie. Die Ursache hievon ist nichts anders, als daß die mehrern Erscheinungen etwas mit einander gemein haben. Dadurch vereinigen sie sich unter einander, und unterscheiden sich von dem, was wir uns selbst nennen. So sehen wir die Anschauungen der äussern Sinne

als

【図42】『ゲッティンゲン学術評論増補版』1782年1月19日号に掲載された「ゲッティンゲン批評」の最初のページ

言葉遣いに抵抗し、何のために、どうして〔自分の観念論はバークリらのそれとは違うという〕観念論の区別を行おうとするのか。(『ゲッティンゲン学術評論増補版』一七八二年一月一九日号四八ページ)

要するに、カントの立場はバークリ的観念論とどこが違うのかと、その批評の匿名の著者は言うのです。

バークリの立場では、ロック的な「物そのもの」と「観念」の二重構造のうちから「物そのもの」を消去します。そこがまず、大きくカントとは違います。カントはそれについてはなにも認識できないと言いながら、「物自体」の存在を否定することはないのです。けれども、「物自体」は認識不可能なもので、私たちが知っているのはこの直接知覚できる世界だけ。つまり、観念からなる世界だけです。バークリ的観念論では、カントの言う「物自体」は認められませんから、その意味では、カントの立場はけっしてバークリのそれと同じではありません。にもかかわらず、私たちが世界とか自然とか思っているものについては、それは「観念」（カントの語法では「表象」）からなるというわけですから、この世界を観念（ないし「表象」）からなるとする点ではバークリと同じではないか。そう評者は言っているのです。

この「ゲッティンゲン批評」に対して、カントは一七八三年の『プロレゴーメナ』付録において、厳しい反批判を行いました。その反批判の中で、彼は自分の立場をバークリのそれと同一視することをある点まで容認しながら、評者によるその全面的同一視は『純粋理性批判』の最大の課題を理解しない所業であるとして、これを厳しく非難します。

まずカントは、「空間と時間はそれらが自らの内に含むすべてのものとともども、物や物の性質自体そのものではなく、それらの現象に属するにすぎない」と言い、「ここまでは私は〔バークリを含む〕あの観念論者たちと信条を同じくしている」と、バークリとの見解の一致を示唆します。けれども、カントは、自分の見解とバークリの見解の相違点を示すため、続けて次のように言います。

> しかし、これらの人々、とりわけバークリは、空間を、空間中の諸現象同様、そのあらゆる諸規定ともども経験ないし知覚によってのみ知られる単なる経験的表象とみなした。これに対して、私がはじめて示すのは、次のことである。すなわち、空間は、時間同様、あらゆる知覚ないし経験に先立ってわれわれの感性の純粋形式としてわれわれに内属しており、そのあらゆる直観を、したがってまたあらゆる現象を可能にするのであるから、空間は（そして、バークリが注意を向けなかった時間もまた）そのあらゆる諸規定ともどもわれわれによってアプリオリに認識されうるということ、これである。（『プロレゴーメナ』付録［アカデミー版カント全集第四巻三七四～三七五ページ］）

このカントの言葉が何を意味しているか、これが本書で明らかにしなければならない大きな問題の一つです。ここではとりあえず、カントがバークリとの同一視に対してどのような発言をしているかを見るにとどめます。

十　二つの問題

ここで私たちは、二つの問題に出会っています。一つは、カントが粒子仮説によるロック的二重存在をある仕方で引き継ぎながら、それでも物自体を認識不可能とするのはなぜかという問題です。これについては、カントがヒュームらの影響を受けている可能性があるとは言いましたが、この件についてはもっと考えてみる必要があります。もう一つは、今引用した「ゲッティンゲン批評」に対する反論でカントが何を言おうとしているか、です。

実は、二つ目の問題に対する解答は、ほとんど一つ目の問題に対する解答でもあるのです。ですから、ともかくも、二つ目の問題に答えるべく、章を改めてさらに考察を進めましょう。その前に、一つだけ、明確にしておきたいことがあります。これまでの話と密接に関わる別のもう一つの区別です。

†物自体と現象

ロックの場合、外には仮説的に構想された「物そのもの」がありますよね。それが私たちの感覚器官を「触発する」と、それに対応して私たちの心の中にある種の「観念」が生じます。

そこで例えば、手許にリンゴがあるとします。赤くて丸くて、触るとこんな感触、食べるとこんな味。それらはすべて、外に実在すると仮説的に想定されている粒子からなる「物そのもの」としてのリンゴから、私たちの感覚器官が触発されて、その結果私たちが感じているものです。ということは、外には「物そのもの」としての、粒子の集合体としての実在するリンゴがあり、心の中には私たちの感覚に現れる色鮮やかなリンゴがある、ということですよね。粒子仮説では、物そのものとしてのリンゴはそれ自体としてあるとされるのですが、それは私たちには仮説的に考えることができるだけで、直接には現れません。それが私たちの感覚器官に働きかけて私たちにある仕方で姿を現したのが、私たちに現れる「観念」としてのリンゴです。

このように、ロックの粒子仮説的枠組みの中では、同じリンゴがそれ自体としてのあり方と、私たちに対して姿を現す場合のあり方とを持っていると、考えられているのです。同じ物の、それ自体としてのあり方と、私たちに働きかけて私たちに姿を現す場合のあり方。ロックはこの差異を、「物そのもの」と「現れ」という言葉で表現します。例えば、彼は次のように言います。

物〔＝物そのもの〕はわれわれの内に現れを生み出すよう作られており、〔われわれの単純観念〕は、それらの現れのもとに、〔それを生み出す〕当の物をわれわれに表象する〔……〕。（『人間知性論』第四巻第四章第四節）

「現れ」というのは、英語では'Appearance'（アピアランス）です。「現れ」と訳したり、「現象」と訳したりします。しかし、「現象」は、ギリシャ語由来の'phenomenon'（フェノメナン）の訳語としてよく用いられますので、ロックについて論じる場合には、原語の違いを考慮して、「現れ」を用いることが多いのです。

このロックの用いる'Appearance'が、カントでは'Erscheinung'（エアシャイヌング）になります。'Appearance'が'appear'（アピア、現れる）という動詞の名詞形であるように、'Erscheinung'も'erscheinen'（エアシャイネン、現れる）という動詞の名詞形です。実際、先に言及したロックの『人間知性論』のドイツ語版（*Herrn Johann Lockens Versuch vom menschlichen Verstande*）でも、'Appearance'は'Erscheinung'と訳されています。カントの'Erscheinung'は一般に「現象」と訳されていますので、本書でもこれを「現象」と訳すことにします。

カントは、「物自体」（Ding an sich）に対する言葉として、しばしばこの「現象」（Erscheinung）を用います。「物自体」がそれ自体として存在する「物」のことであるのに対して、「現象」は私たちに対して現れる限りでの「物」のことです。後者はけっして物自体ではなく、物が私たちに現れた姿でしかありません。つまり、物は二つのあり方をするという考え方を、カントはロック的な考え方から引き継いでいるのです。

そういうわけですから、物自体から触発されて私たちの心に現れる「表象」は、物自体のあり方と区別することが意図されている場合には、しばしば「現象」と表現されます。同じものなのに、ある観点からは「表象」と言われ、別の観点からは「現象」と言われるのです。そのことは、第3章で取り上げる「直観」という言葉遣いにも認められます。同じ表象が「現象」と言われるかと思えば「直観」とも言われるのです。そのような観点の違いがありますので、カントを読む折には注意が必要です。

ところで、カントは、「物自体」の代わりに、あるときには「対象自体」(Gegenstand an sich ゲーゲンシュタント・アン・ジッヒ)を、またあるときには「客観自体」(Objekt an sich オプイエクト・アン・ジッヒ)を、そしてまたあるときには「事象自体」(Sache an sich ザッヘ・アン・ジッヒ)を用います。これらはいずれも同じものを表しています。そして、これらはいずれもそれ自体のあり方を言うものですから、カントによれば私たちには捉えようがありません。私たちに捉えられるのは、それが私たちの心を触発して私たちに現れるもの、つまり「現象」だけです。私たちに現れるものは「表象」には違いありませんが、そのあり方が、「物自体」、「対象自体」、「客観自体」、「事象自体」としてのあり方ではなく、私たちに現れる限りにおいてのあり方であることを強調する場合には、それは「現象」と表現されるのです。

また、現象は私たちの心の中に現れるものですから「表象」ではあるのですが、すべての表象がそれに対応する「物自体」を持っているわけではありません。次章で説明しますように、物自体からの触発によらない「表象」もあるのです。ですから、ある表象は「現象」なのですが、現象でない表象もありますので、「現象」は「表象」の同義語というわけではありません。この点にご注意いただければ幸いです。

第3章

解かなければならない問題

†カントにとっての問題

さて、カント自身には、学問に関して、解明すべき二つの大きな問題がありました。一つは、純粋数学のような、経験によらない学問を構成している特殊な認識が、どうして得られるのかという問題でした。そしてもう一つは、同じように経験によらない学問のふりをしながら、実はそもそも学問ではない「悪い形而上学」に対して、どのような仕方で学問と似非学問の間の線引きをしてみせるか、という問題でした。これら二つの問題に対して解答を示してみせたのが、カントの『純粋理性批判』でした。

カントの「超越論的観念論」のロジックの基本を確認しようとする際にとりわけ重要なのは、一つ目の問題です。それがどのようなものであったかを見るために、ここで二つほど、前提となる区別についてお話ししておかなければなりません。その一つは、「分析判断」と「総合判断」の区別です。

†分析判断と総合判断

「分析判断」は、ドイツ語では‘analytisches Urteil’（アナリューティッシェス・ウアタイル）、「総合判断」は、同じくドイツ語では‘synthetisches Urteil’（ジュンテーティッシェス・ウアタイル）と言います。‘analytisch’（アナリューティッシュ）というのは「分析的」

を意味する形容詞、'synthetisch'（ジュンテーティッシュ）というのは「総合的」を意味する形容詞で、これが「判断」を意味する'Urteil'（ウアタイル）という名詞に、語尾を変化させて付いています。

「すべての日本人は人間である」という文を考えてみましょう。これは、「かくかくはしかじかである」という私たちの「判断」を表している文の一つです。そこで、カントは、「文」とか「命題」（伝統的にはこの「命題」という言い方がよく用いられていました）とかいった言い方はあまりせず、多くの場合に「判断」という言い方をします。つまり、「すべての日本人は人間である」という判断を考えてみましょう、というわけです。

この判断、主語に「日本人」という言葉が使われており、また、述語に「人間」という言葉が使われています。これら二つの言葉は、それぞれ日本人という概念、人間という概念を表しているとカントは考えます。それぞれの言葉が「概念」を表していて、それによって判断が形成されている、というのです。

「概念」という言葉、もとのドイツ語は'Begriff'（ベグリフ）です。あるものの概念を持つということは、それがどういうものかについてなんらかの考えがあるということです。日本人の概念を持っているということは、日本人とはこういうものだというなんらかの考えを持っているということです。こうした「考え」自体は、見えたり聞こえたりするものではありませんが、私たちがそれを考えている限り、それは私たちの意識の対象となっているには違いありません。前章で、私たちが感覚によって知覚しているものが心の中の「表象」とされることを説明しましたが、概念もまた、「表象」として扱われます。

ところで、私たちは感覚されたものを心の中で像として思い起こしたり、これまで経験したことのないような物や事象の像を心の中に描くことができますよね。記憶や想像力によって心の中に作り出す像を、今日では「心像」と呼んだりするのですが、これもまた「表象」の一種です。心の中に意識の対象として現れるものだからです。

というわけで、感覚や心像も表象ですし、そういったものとはずいぶん異なる仕方で意識の対象となる概念もまた表象です。で、さしあたっての話題は、概念です。

「日本人ってこういうもの」と思っている人は、その内容如何にかかわらず、とりあえず「日本人の概念」を持っていると言うことができるわけですよね。同じように、「人間ってこういうもの」と、人間についてともかくなにかが言えるときには、とりあえず「人間の概念」を持っていると言うことができます。

そこで、もう一度、「すべての日本人は人間である」という判断を見てみましょう。この判断、あたりまえといいますか、当然「真」であって、それを聞いて、なにか今まで知らなかったことを新たに知ることになるというものではなさそうです。なぜかというと、「日本人」というくらいですから、それが人間であるのはあたりまえですよね。

カントはこれを次のように解説してみせます。

主語が表している概念、これを「主語概念」と言うことにし、述語が表している概念、これを「述語概念」と言うことにします。さてそこで、主語概念の中身がどうなっているか、それがどのような要素から成り立っているかを調べることにします。このように、概念の中身がどのようになっていて、それがどのような要素から成り立っているかを調べる作業を、「分析」と言います。

「日本人」という主語概念を分析しますと、その構成要素としてすでに「人間」というものが含まれていることがわかります。「日本人」というのは、ある条件を満たす「人間」のことですから、日本人の概念にはその構成要素として「人間」というものが含まれているというわけです。そして、「すべての日本人は人間である」という判断では、すでに主語概念に含まれているものを、改めて、述語概念として、主語に対して適用するという形になっています。すでに主語概念に含まれているものを、重ねて述語概念で提示するわけですから、真であるのはあたりまえ。しかも、それを言われたからといってなにか新たな知識が得られるというものではありません。誰であろうと、「日本人」の概念がわかっている人にとっては、すでにわかっているはずのことを言っているだけだからです。

このように、主語概念を分析するとその中に述語概念が含まれていることがわかるタイプの判断のことを、「分析判断」と言います。

これに対して、主語概念を分析しても、その中に述語概念が含まれてはいないような判断のことを、「総合判断」と言います。なぜ「総合」と言うかといえば、この場合、主語概念と述語概念には、前者に後者が含まれるという関係はなく、内容的に別々のものです。それら別々の概念を、判断の中で一つにつなぎ合わせます。つまり、異なるものを「合わせて一つにする」、つまり「総合」するわけですね。ですから、「総合判断」と言うのです。

†カントが挙げる例

実際にカントが挙げている例を見ておきましょう。「すべての物体は延長を持つ」と、「すべての物体は重い」の二つです。前者は分析判断の例、後者は総合判断の例です。

一つ目の判断に出てくる「延長」というのは、縦横高さの三次元的な「広がり」のことです。物体というのは、三次元的な広がりを持っていますよね。それを当時の専門用語で「延長」と呼びました。ラテン語では'extensio'（エクステンシオー）、ドイツ語では'Ausdehnung'（アウスデーヌング）です。当時、これは、物体だったら必ず持っている性質だと考えられていました。ですから、物体の概念を分析すると、その中には必ずその構成要素の一つとして「延長を持つ」というのがある、と考えられたのです。そこで、主語概念が含む要素の一つを述語概念としている判断、つまり分析判断の例として、「すべての物体は延長を持つ」が挙げられているのです。

これに対して、「物体」だからといって「重さ」を持つかどうかはわからない、実際に調べてみないとなんとも言えないとカントは考えています。そのため、カントによれば、物体の概念と重さの概念との間には、前者が後者を含むという関係はありません。ですが、実際に経験（観察、実験）によって調べてみて、物体が重いということがわかったとしましょう。すると、今までつながりのなかった物体の概念と重さの概念を、一つの判断の中でつなぎ合わせることになります。つまり、二つの概念を「総合」するわけです。そうすると、その結果形成される「すべての物体は重い」という判断は、主語概念である物体の概念を持っているだけではわからなかったことを表していることになります。つまり、新たな知識（認識）がこれによって表明されることになるのです。

†ロックの「暗示」

実はこの話題、ここでもロックの思想との関係が明らかになってきます。

ロックは一六八九年に刊行した（出版年は一六九〇年と印刷されていますが、実際には一六八九年一二月に刊行されました）『人間知性論』第四巻で知識を論じる際に、カントの「分析判断」と「総合判断」の区別にあたるものを、その第八章ですでに論じておりました。ロックは「分析」、「総合」という言い方はしなかったものの、本質的にカントと同じ観点から二種類の命題を区別しました。一つは「とるにたりない命題」（trifling Proposition）と言われているもので、例としては「魂は魂である」や「渦動は渦動である」といった、

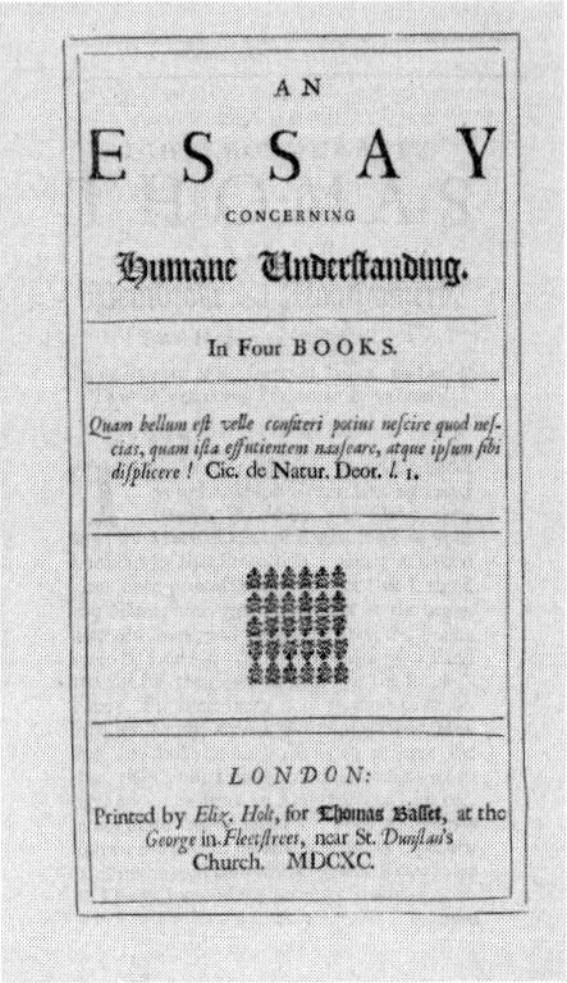

AN
ESSAY
CONCERNING
Humane Understanding.

In Four BOOKS.

Quam bellum est velle confiteri potius nescire quod nescias, quam ista effutientem nauseare, atque ipsum sibi displicere! Cic. de Natur. Deor. *l.* 1.

LONDON:
Printed by *Eliz. Holt*, for Thomas Basset, at the *George* in *Fleetstreet*, near St. *Dunstan's* Church. MDCXC.

【図43】ロック『人間知性論』初版（1690年）の扉

主語と述語が同じである「同一命題」、それに、「鉛は金属である」や「どの人間も動物である」のような、主語が表す観念の中に述語が表す観念が含まれている命題が挙げられています。これらは、カント風に言えば、主語概念に含まれているものがそっくり述語概念になっているか、主語概念に含まれているものの一部が述語概念として使用されているかのいずれかです。

ロックはこうした「とるにたりない命題」について、それらは私たちの知識を増大させないとしています。そして、これに対して、主語が意味すること「以上のものを教える」命題のことを、「ためになる命題」（instructive Proposition）と呼んでいます（『人間知性論』

第四巻第八章第六節)。

カントの分析判断と総合判断の区別は、ロックの「とるにたりない命題」と「ためになる命題」の区別にヒントを得たものです。実際カント自身、分析判断と総合判断の区別について、「私はすでにロックの『人間知性論』の中で、この区別への暗示を見出している」と、『プロレゴーメナ』の第三節で述べています。

†アプリオリとアポステリオリ

さて、予備知識として必要な二つ目の区別は、「アプリオリ」と「アポステリオリ」の区別です。いずれももとはラテン語で、「アプリオリ」は'a priori'と書いて、「アー・プリオーリー」と読み、「アポステリオリ」は'a posteriori'と書いて、「アー・ポステリオーリー」と読みます。我が国では長母音であることを無視して「ア・プリオリ」もしくは「アプリオリ」、「ア・ポステリオリ」もしくは「アポステリオリ」と表記するのが通例です。ここでは「アプリオリ」、「アポステリオリ」という表記を用います。

もとのラテン語、'a priori'を見てみましょう。'a'(アー)は前置詞で「……から」を意味します。また、'priori'(プリオーリー)は「前の」を表す古い言葉'pri'(プリ)の比較級である'prior'(プリオル、「より前の」を意味します)が名詞化して「より前のもの」を意味する言葉となり、それが格変化して'a'という前置詞に対応する形になったものです。ですから、'a priori' は全体として「より前のものから」を意味します。

次に、'a posteriori' ですが、この場合も 'a' (アー) は先ほどと同じ「……から」を意味する前置詞です。'posteriori' (ポステリオーリー) は、「あとに来る」を意味する 'posterus' (ポステルス) の比較級 'posterior' (ポステリオル) が名詞化して「よりあとのもの」を意味する言葉となり、これが格変化して 'a' (アー) という前置詞に対応する形となったものです。ですから、全体として、「よりあとのものから」を意味します。(ラテン語の形容詞の比較級は、語尾に 'or' 「オル」をとるものが多いのです。英語の 'major' 「メイジャー」も、もとはラテン語の 'major' 「マイヨルと読みます」で、「より大きい」を意味します。'minor' 「マイナー」は「より小さい」。ラテン語では「ミノル」と読みます。)

この「より前のものから」、「よりあとのものから」という対になっている言葉は、我が国では一般に「より先なるものから」、「よりあとなるものから」と言われています。

これら一対の言葉は、もとをただせばアリストテレス ('Αριστοτέλης, 384-322 B. C.) の「本性上先なるもの」と「われわれにとって先なるもの」の区別にまでそのルーツを遡ることができるものですが、近代においては、先行する原理からある事柄を導き出すことによって当の事柄を明らかにする場合を「より先なるものから」、つまり「アプリオリ」に、と言い、「経験」すなわち観察や実験によって事柄を明らかにする場合を「よりあとなるものから」、「アポステリオリ」に、と表現することが行われていました。

私たちがじかに経験し実験し観察することは、私たちにとってある意味で「わかりやすい」ことですよね。このやり方をとるのが、「よりあとなるものから」、つまり、「アポステリオリ」と表現されたのです。原理が先にあり、観察や実験はそこから可能になると見る見方からすれば、観察や実験つまり「経験」は、「よりあとなるもの」だからです。これに対して、原理的なことがわかっているのなら、それからものごとを理解するというのも、別の意味で「わかりやすい」ことですよね。この場合、原理が先行すると考えて、「より先なるものから」、つまり「アプリオリ」、と表現するのです。時間的なあと先ではなくて、事柄の本質的な順序としてのあと先なのです。

こうした「アプリオリ」、「アポステリオリ」の使い方は、例えば、第1章で取り上げました、スヴェーデンボーリーが一七三四年に出版した『哲学鉱物学論集』にも、何度も出てきます。彼はその第一巻で、例えば磁石の力について論じるにあたって、「アプリオリに、言い換えれば第一原理から」（傍点は強調のため私が付けました。次のも同じです）という表題のもとに論を進めたあと、「同じことをアポステリオリに、言い換えれば実験から論じる」として、さらに考察を進めています。

カントはこうした先行する用法を踏まえつつ、経験に基づくものを「アポステリオリ」、経験に基づかないものを「アプリオリ」と表現します。実際カントは、これらの言葉が「認識」に適用される場合について、『純粋理性批判』第一版序論で次のように述べています。

経験はなるほどわれわれに何が存在するかを語るが、それが必然的にそのようでなければならず他のようであってはならないということは語らない。まさにそのために、経験はまた真の普遍性をわれわれに与えることはなく、この種の認識を強く求める理性は、経験によって満足を得るよりも、むしろ不満を持つ。ところで、同時に内的必然性という性格をも有するそうした普遍的認識は、経験とは関わりなく、それ自身で明晰で確実でなければならない。したがってわれわれはそれをアプリオリな認識と呼ぶ。というのも、反対に、経験から借用されたにすぎないものは、よく言われるように、アポステリオリにのみ、言い換えれば経験的にのみ、認識されるからである。(A一〜二)

カントのこの言葉から、「経験とは関わりなく」必然性と普遍性を持つ認識が「アプリオリ」と言われるものであり、それに対して「経験的にのみ認識される」ものが、「アポステリオリ」と言われていることがわかります。

†必然性と普遍性

今引用したカントの言葉の中に、「必然的」とか「普遍的」とか「内的必然性」とかいった言葉がありましたよね。「必然性」、「普遍性」というのは、カントにとって大変重要なことでした。これらは、ある種の学問の性格、言い換えれば、ある種の学問を形成しているさまざまな「判断」ないし「認識」が持たなければならない性格を表しています。

カントは私たちが持つ認識のうちのあるものを、必然性を持つと考えます。「必ずそうでなければならない」という性質です。例えば「三角形の内角の和は二直角である」という認識は、必ずそうでなければならないと、普通は思っていますよね。三角形ではあるが内角の和が二直角ではないようなものは、一九世紀以降に非ユークリッド幾何学が開発されますと、考えられるようになるのですが、カントの時代はそれ以前で、ユークリッド幾何学しかありません。そのユークリッド幾何学では、三角形ではあるが内角の和が二直角ではないようなものは、ありえません。三角形の内角の和は必然的に二直角である、必ずそうだというのです。こんなふうに、ある種の学問、ある種の判断、ある種の認識は、必然性という性格を持つと考えられました。

この必然性ということと表裏をなすのが、「普遍性」という性格です。必ずそうだというわけですから、その種のものについてはどれもそうである、つまり、今の例ですと、三角形ならどれもみなそうだというわけで、そういう認識ないし判断は、「普遍性」を持つと言われるのです。

カントは、ある学問は必然性・普遍性を持つとしっかり信じている人です。これが、カントを理解するための一つのポイントをなしています。で、カントは先ほどの引用箇所で、そういう性格を持つ認識は、「経験とは関わりなく、それ自身で明晰で確実でなければならない」と言っていました。つまり、そういう認識は「アプリオリ」だというのです。これに対して、「経験はなるほどわれわれに何が存在するかを語るが、それが必然的にそのようでなければならず他のようであってはならないということは語らない」とカントは言っていました。つまり、「経験から借用されたにすぎない」認識は「アポステリオリ」なものであって、そうしたものは普遍性・必然性という性格を持ってはいないと考えているのです。

ただし、カントの場合、ここで一つ、注意すべきことがあります。なんらかの仕方で経験に基づく判断は、すべて必然性・普遍性を欠くかというと、必ずしもそういうわけではありません。というのも、カントは、経験に基づく判断にも、「アプリオリ」に獲得される判断が「混入」して、その判断に必然性・普遍性を持たせることがあると考えるからです。例えば、「Pが原因となって、その結果Qが生じる」といったタイプの判断は、通常、経験をもとにしています。けれども、このタイプの判断は、一般に原因と結果の関係を必然的とみなすアプリオリな判断を含むため、それは必然性・普遍性を持つことになるとカントは考えるのです。この点については、のちほど因果関係を論じるところで取り上げることにします。

†アプリオリな総合判断

さて、以上に確認したことから、認識ないし判断は、カントにおいては少なくとも二つの観点から区別可能であることがわかります。「分析的」か「総合的」か、「アプリオリ」か「アポステリオリ」かの二つです。これを組み合わせると、図44の表のような四つの可能性が出てきます。

カントによれば、分析判断というのは、主語概念を分析すればその中にすでに述語概念が含まれているとわかるような判断ですから、その判断が真かどうかを、改めて経験によって確かめる必要はありません。ですから、分析判断はアプリオリなものでしかなく、アポステリオリな分析判断というのはないと考えられます。

また、総合判断というのは、内容的に独立な二つの概念をつないで「かくかくはしかじかである」とするものです。内容的に独立な（つまり概念の中身としては関係がない）わけですから、それらをつないでいいかどうかは、概念の内容を分析してもわかりません。それらをつないでいいかどうかを知るには、「経験」によらなければならないと、普通は考えられています。例えば、実際に「金」を「王水」（濃塩酸と濃硝酸を三対一の体積比で混合したもの）に投入してみて「金」が「王水に溶ける」ことを知ることにより、「金」の概念と「王水に溶ける」という概念とを結びつけて「金は王水に溶ける」と判断する、とい

	アプリオリ	アポステリオリ
分析的	アプリオリな分析判断	アポステリオリな分析判断
総合的	アプリオリな総合判断	アポステリオリな総合判断

【図44】 判断の分類

った具合です（この例は、カントが読んでいたはずのロックの『人間知性論』の中に出てきます）。このように、総合判断は一般に「経験に基づく」ものですから、これをアポステリオリな判断と見るのが常套でした。つまり、総合判断と言えば、「アポステリオリな総合判断」だったのです。

これに対して、カントは、「アプリオリな総合判断」があると主張します。つまり、主語概念と述語概念が内容的に独立していて、しかもそれが真であることが経験によらずにわかるような判断がある、としたのです。

こうして、カントが認める判断は三種類、アプリオリな分析判断、アポステリオリな総合判断、そして、アプリオリな総合判断の三つです。

†アプリオリな総合判断の実例

それでは、カントがその存在を認めた「アプリオリな総合判断」とは、どのようなものなのでしょうか。

カントは、その実例を、純粋数学と純粋自然科学に認めたのでした（本当を言えば、この時期の語法からすれば、後者は「自然に関する純粋な学」という意味で、「純粋自然学」のほうがいいのですが、内容的には今で言う「自然科学」ですので、本書では「純粋自然科学」という言い方にしておきます）。

「純粋」という言葉、ドイツ語では'rein'（ライン）と言います。これは、カントの場合、「経験的なものが少しも混じっていない」とか、「いかなる感覚も混じっていない」とかいった意味で使います。『純粋理性批判』の「純粋」も、そういうことを意味します。

†純粋数学

まずは、カントがアプリオリな総合判断の例をその中に認める「純粋数学」について見ておきましょう。

カントが好んで挙げる例の一つは、「7＋5＝12」です。カントによれば、「7＋5」には「7と5という二つの数を合わせて一つの数にする」ということしか含まれていなくて、これをいくら「分析」しても12という数は出てきません。これを見つけるには、経験とは異なるなんらかの手段を講じて、7という数に、5という数を構成する単位を順次加えて、12という数が生じることを確認しなければならないとカントは考えます。つまり、「7＋5＝12」は「7＋5」を分析して12を見出すという分析判断ではなく、総合判断であって、しかも経験に基づくものではないので、「アプリオリな総合判断」だと言うのです。

こうしてカントは、算術の命題はすべてアプリオリな総合判断であるとします。そうした命題は、自分たちが持っている数や演算の概念の単なる分析では出てこず、経験ではないなんらかの手段によって見出されるものだと考えるのです。

カントは、こうした算術の命題とともに、幾何学が扱う命題についても、それをアプリオリな総合判断と見ます。「直線は二点間を結ぶ最短の線である」というのがその事例の一つです。「直線」というのは「まっすぐな線」ということですが、「まっすぐ」というのは線のあるあり方を示すだけで、長い短いというのは、その意味合いには含まれていないとカントは考えます。ですから、「直線」という概念をいくら分析してみても、「最短」ということはその中には見つからないというのです。では、どうして直線が「二点間を結ぶ最短の線である」とわかるのでしょうか。カントはここでも、私たちは、経験ではないある手段を講じてそのことを知り、それをもとに「直線」の概念に「二点間を結ぶ最短の線」という概念を結びつけることになると考えます。

†純粋自然科学

カントがアプリオリな総合判断の実例を認めるもう一つの学問は、純粋自然科学です。彼はその原理が、アプリオリな総合判断だと言うのです。「物体の世界においては、すべての変化において物質の量は不変にとどまる」とか、「すべての運動伝達において、作用と反作用は常に互いに等しくなければならない」とかを、カントはその事例として挙げています。一つ目の命題について、カントは、私たちは物質の概念においては「たんに物質が空間を充たし、空間のうちに存在すること」だけを考えているのであって、「持続性」つまり、「不変のままにとどまる」ということは考えていないと言います。ですから、物質の概念に持続性の概念を結びつけるためには、物質の概念をなんらかの手段でもって超えていかなければならないというわけで、これは総合判断だというのです。しかも、カントに言わせれば、これは経験から得られる認識ではなくて、アプリオリな認識である。だから、「アプリオリな総合判断」なのです。

†形而上学

このように、カントは純粋数学と純粋自然科学において、すでに「アプリオリな総合判断」の実例が存在すると主張します。そして、これに加えて、「形而上学」と呼ばれている分野でも、アプリオリな総合判断が成り立つはずだと考えます。

形而上学というのは、アリストテレスが残した著作の中で、紀元前一世紀にロドスのアンドロニコス（Ἀνδρόνικος）という人がそれを編集するに際して自然科学関係書のあとに配置した一群の著作のことを言います。自然科学関係書（τὰ φυσικά タ・ピュシカ）の「あとに」（μετά メタ）置かれた書物ですから、τὰ μετὰ τὰ φυσικά（タ・メタ・タ・ピュシカ、自然科学関係書のあとの書物）と呼ばれました（「タ」というのは定冠詞です）。これが短くなって、「メタピュシカ」と呼ばれ、ヨーロッパで久しく公用語となっていたラテン語では‘metaphysica’（メタピュシカ）となり、さらに各国の言葉に入っていきます。我が国では、「形而上学」と訳されています。

形而上学は、もともと元祖アリストテレスにおいては、存在するものの存在のあり方一般を明らかにするとともに、すぐれて存在するものである神について論じるもので、アリストテレス自身はこれを「第一哲学」（πρώτη φιλοσοφία プローテー・ピロソピアー）と呼んでいました。

この形而上学、自然科学関係書が経験に基づく考察を扱うのに対して、いわば経験を超えた基本原理を扱うものに見えますよね。「第一哲学」というくらいですから（「哲学」が学問の総称であったことを思い出してください）、最も重要な学問と思われていたわけです。ところが、カントの時代には、この分野に携わっている人々は、学問とは思えないような勝手なことを言っている。そうカントには見えたんですね。だから、『純粋理性批判』の一つの目的は、そうした似非学問としての「悪しき形而上学」を排除することだったのです。けれども、その一方でカントは、学問としての条件を満たす、まともな「形而上学」があると思っているのですね。そして、それは、通常の自然科学とは違って経験に基づくものではありませんから「アプリオリ」で、しかも、どうでもいいあたりまえのことを言うものではないはずですから「総合的」なものだと考えているのです。

ですから、アプリオリな総合判断の事例がさしあたっては、純粋数学と純粋自然科学にしかないとしても、まともな形而上学が形成できればそれもまた「アプリオリな総合判断」からなっているはずだとカントは考えるのです。

†『純粋理性批判』におけるカントの問い

というわけです。このように、カントは、経験によらない「アプリオリな総合判断」を生み出す学問の実例がすでにあると考えていました。こうした学問がどうして可能なのか。この問いに対する解答は、「アプリオリな総合判断」だけでなく、経験に基づく私たちの自然科学的探究が提供する判断、つまり「アポステリオリな総合判断」の可能性についても答えてくれるはずであり、同時にまた、まともな形而上学の可能性についても答えてくれるはずだとカントは考えました。こうして、カントは、『純粋理性批判』が答えるべき問いとして、次の問いを立てます。

アプリオリな総合判断はいかにして可能か。

そして、この問いに答えるべく、自らの見解を順次提示していくのです。

†純粋理性の「法廷」

カントが『純粋理性批判』の課題を実際にどのように表明しているか、もう少し具体的に見ておきましょう。

第一版の序言冒頭で、カントは私たち人間の「理性」（Vernunft フェアヌンフト）がある特殊な運命にあることを指摘します。それは、人間の理性が、目で見、耳で聞き、触ってみられるこの経験の世界を超え出て多様な考えを案出し、その経験を超えた考えは、経験を超えているものですから、その当否が経験によってチェックできないようなものになるという運命です。こうして、経験によってチェックできない勝手な発言が、バトルを繰り返します。「この終わりのない争いの場こそ、形而上学と呼ばれるものである」（AVIII）とカントは言います。

こうした状況を打開するため、理性の妥当な主張を保護し、根拠のない主張を退ける「法廷」が必要だとカントは考えます。それについてカントは次のように述べています。

> その正当な要求に対しては理性を守り、あらゆる根拠のない越権に対しては、権力者の絶対命令によってではなく理性の恒久不変の法則によってこれを排除することのできる法廷〔……〕こそ、純粋理性批判にほかならない。

しかし、これによって私は、書物や体系の批判を考えているのではない。私が考えているのは、理性が一切の経験に依拠することなく得ようと努めるすべての認識に関する、理性能力一般の批判である。したがって、それは、形而上学が可能であるか否かを決定し、形而上学の源泉とともにその範囲と限界とを、すべて原理から規定しようとするものである。（AⅩⅠ〜ⅩⅡ）

このように、『純粋理性批判』第一版序言では、カントは、「理性が一切の経験に依拠することなく得ようと努めるすべての認識」に関して理性能力一般を批判する法廷（Gerichtshof ゲリヒツホーフ）としての役割――とりわけ、形而上学の源泉・範囲・限界を決定する役割――を、自身の書物に認めています。（この「法廷」の喩えは、第二版でも数度にわたって出てきます。）

形而上学は、経験を超えた学ですから、その源泉・範囲・限界を決定するためには、すでに経験とは独立に成立しているとカントが信じていた「純粋数学」や「純粋自然科学」が与える「アプリオリな総合判断」がどうして成立しうるのか、その可能性を明らかにする必要がありました。それは同時に、経験的な学としての通常の自然科学がどうして成立するかを明らかにするものでなければなりませんでした。ですから、『純粋理性批判』におけるカントのもくろみは、まずもって、経験（観察、実験）に基づく自然科学はもとより、経験に基づかない「アプリオリな総合判断」を現実に提供していると彼が信じた純粋数学や純粋自然科学の可能性を明らかにすることにありました。

因みに、「法廷」の喩えは、カントが尊敬していたヒュームに出てきます。ヒュームは『人間本性論』第一巻（*A Treatise of Human Nature*, Vol. I [1739]）の序文の冒頭で、次のように述べています。

哲学やもろもろの学においてなにか新たなものを明るみにもたらしたと称する人々にとって、これまで提示されてきたすべてのものをけなすことによって自分自身の体系を暗に褒め称えようとすることほど、ありふれた、自然なことはない。そして、実際、人間理性の法廷（tribunal of human reason）において裁かれるべき最も重要な問題において、われわれは今なお無知にとどまるという嘆かわしい状態にあるともし彼らが思っているとすれば、諸学に精通した人々で彼らにすぐに賛同しない人々はわずかしかいないであろう。（『人間本性論』第一巻序文）

それでは、先の問いに答えるべくカントがどのような議論を組み立てるのか、章を改めて見てみましょう。

第4章　コペルニクス的転回

†空間

そのようなわけで、カントはなによりもまず、

アプリオリな総合判断はいかにして可能か

という問いに答えなければならないと考えていました。

これに対する彼の答えの第一歩。順番からしてそうなのですが、彼が「超越論的感性論」で説いたのは、空間と時間は私たちの感覚能力にもともと備わっている「ものの見方」である、ということでした。

どういうことでしょうか。

先に言いましたように、カントは、私たちが知っているこの世界を、心の中の、表象からなる世界だと考えることにしました。日常的には、心の中の世界なんて思わないのですが、「物自体」と「触発」というのを考えるとそういうことになるだろう？　と言うのです。

とりあえずそれを納得したことにしますと、そこでカントは、もう一つ、別の区別を導入します。その区別を説明するため、ここで先に、これに関する彼の言葉遣いを説明して

おきたいと思います。

一つは「感性」という言葉です。私たちが持っている、感覚能力のことです。ドイツ語では“Sinnlichkeit”（ジンリッヒカイト）と言います。要するに、私たちに認識できない「物自体」から刺激を受けて（触発されて）、感覚を得る能力です。

感覚を得るといっても、実際、さまざまなものが、すでに空間のうちに見えていますよね。そうなんです。カントは、私たちが置かれているこの状態、さまざまなものがすでに空間のうちに見えている状態の確認から、話を始めるのです。

物自体から私たちの心（ないしは感覚の働き）が触発されて、私たちは、さまざまなものを空間の中に知覚することになります。そこでカントは、思考実験にわれわれを誘います。見えているものが一つ、また一つ、なくなってしまうと考えてみてください。でも、そうしてみんななくなったとしても、空間が残っているじゃありませんか？ そうカントは言うんです。確かに。目の前にあるこれがなくなって、あれがなくなって、この建物も、向こうの風景も、みんななくなっても、それでも空間というのは残っているかな。そんな気がしたら、もうカントの思うつぼ。カントは言います。でしょ。そんなふうに考えると、空間ってその中にある一つ一つのものとは違うみたいですよね。そういった一つ一つのものが現れる、基本的な枠組みみたいではありませんか、と。

†直観

もう一つカントの言葉を導入しておきますね。「直観」です。「直感」じゃなくて「直観」です。直接観て取るということです。ドイツ語では‘Anschauung’（アンシャウウング）です。

これ、伝統的な知識の考え方の一つなんです。ああだからこうで、こうだから……、だからこれだ、なんて、私たちは、いろいろ考えた挙げ句に、結論としてあることを知る（認識する）ということをよくやっていますよね。いわゆる「推論」（もしくは「推理」）です。こんな知り方に対して、即座に直接知るということがあるはずだと、伝統的に考えられていました。こういう知り方のことを、「直観」と言います。くどいですけど、「直感」ではありません。「直接見通す」、あるいは「直接観通す」という感じです。

この直観、ラテン語では‘intuitio’（イントゥイティオー）と言います。「見る」を意味する動詞、‘intueor’（イントゥエオル）の名詞形です。これが英語に入って‘intuition’（インテュイッション）、ドイツ語では‘Anschauung’（アンシャウウング）です。

で、カントはこの伝統的な言葉を何のために使うかというと、感性および想像力の働きによって私たちに直接与えられるものを言うのに使います。

物自体というのは、カントによれば、私たちにはどういうものかわからないんですよね。でも、私たちは感性という能力を持っていて、それによって、こんなふうにいろんなものが見えたり聞こえたりしていますよね。物自体ではありませんけど、物が私たちに対して、私たちに現れる際の固有の仕方で、現れています。つまり、「現象」として現れています。それって、ああだこうだと考えてそうなっているようなものじゃありませんよね。直接見て取れるという具合ですよね。カントはこれを、「対象が直観において与えられている」というふうに捉えます。繰り返しますけど、この場合、対象は、物自体としてのあり方で現れているわけではなく、私たちを触発して、私たちがそれを感覚的に受けとめる場合のあり方で、つまり「現象」として、私たちに現れているのです。「直観」というのは、そのように、感覚能力としての感性の働きによって、私たちに感覚とか現象とか表象とかさまざまな言い方で言われるものが与えられるとき、そこに現れているものを表すのに使われます。感覚を通して与えられる直観ですから、これをカントは「経験的直観」と言います。

このように、「直観」はまず、私たちの感覚能力つまり感性の働きによって、さまざまなものが見えたり聞こえたりしているときに、その見えたり聞こえたりしているものを表現する言葉の一つとして使用されます。第2章で導入した別の言葉を用いれば、この「直観」は「表象」でもあるのです。でも、第2章で、「現象」は「表象」でもあるがすべての「表象」が「現象」と見られるわけではないと言いましたように、同じものを指す言葉が複数ある場合、それぞれの言葉には、使い方、それが意味するところのものに、違いがあります。「直観」という言葉は、カントの場合、しばしば「概念」と対比的に使われます。感性が与えるのが直観だとしますと、あとで論じる「知性」が操作するのが「概念」です。

それと、「直観」という言葉は、私たちが感性によって（つまり感覚的に）知覚しているものについてだけ使用されるものではありません。そのことについては、順次、必要に応じて説明することにします。

†純粋直観としての空間

そこで、先ほどの話に戻りましょう。感性という働きによって、私たちにさまざまな対象が直観という仕方で与えられます。直観において与えられているさまざまな対象を一つ一つ消去したとしても、そこには空間が残るというカントの先ほどの論法で行きますと、空間というのは、さまざまな対象が私たちに現れる際の基本的な枠組みといったような、特別な地位を担っているような気がしませんかと、カントは私たちの思考を誘います。そして、カントはこの空間を、私たちが自分たちの経験を通してそれと知ったものではなくて、そもそも感性による直観（感性的直観）の基本的な枠組みとして、はじめから感性に組み込まれていると考えるのです。

つまり、空間というのは私たちが経験によって（例えば目で見て、あるいは手で触れてみて）そういうものがあるとわかるだけの存在ではなくて、そもそも私たちが感性の働きによってこの世界を見るとき、つまり直観を得るとき、その直観がその中で得られる基本的な枠組みになっていると言うのです。

もう一度言い換えますと、空間は、そのようなものがそこに実在しているからそのようなものとして直観されているのではなくて、私たちが物自体からの触発を受けて心の中でさまざまな表象を得るとき、対象が空間の中に現れるように私たちの感性ができているものだから、すべての外的対象が空間の中にあるように見える（直観される）、ということなのです。

カントによれば、現象としての対象が私たちに直接現れる場合、空間の中に現れるしかないようなしかけになっているので、それは空間の中に現れるしかありません。つまり、私たちにとっては、対象は、現象として、空間の中に現れるしかありません。ですから、空間というのは、対象が直観において与えられる場合にそれに不可避的に関わるもので、このことをカントはしばしば「条件」（もしくは「制約」）という言葉を用いて表現します。空間は、対象が直観において与えられる場合に、それが従わなければならない「条件」なのです。

第2章で、原子にない色や味や熱さ・冷たさなどをなぜ私たちは感じるかについて、デモクリトスの考えを説明しました。そのとき、「私たちが、自分の感覚器官に外部から刺激を受けると、その結果このように感じるようにできているものだから」という言い方をしましたよね。私たちが物を空間の中にあるものとして知覚するのも、それと同じように、私たちの感性がそのようになっているからだと考えると、理解しやすいかもしれません。カントは、空間のこの特殊な性格を、空間は直観の純粋な形式であると表現します。そのような枠組みが経験とは関わりなくすでに私たちの感性に組み込まれているから、すべての外的対象は空間の中にあるように直観されるのである、というのです。そして、空間自体がまた直観であり、しかもアプリオリに感性に備わっているのですから「純粋」です。したがって、空間はしばしば「純粋直観」とも呼ばれます。

私たちの知っている世界が、物自体からなる世界ではなくて、物自体から私たちに刺激が与えられた結果として心の中に現れた、「表象」としての世界。これだけでも、ずいぶんと「うひゃあ」な感じがするかもしれませんが、その上、私たちがすべての外的対象がその中にあると思っている空間が、実は、私たちがそうした「表象」を受け取るときの受け取り方として感覚能力にはじめから（アプリオリに）組み込まれたものなのだというわけですから、さらに「うひゃあ」かもしれません。でも、そういうメカニズムの中で生きている私たちの日常の感覚では、実はそうなっているのだなんて知りませんから、単に、いろいろなものが空間の中にあるなあということになります。ですから、カントみたいな立場でものを考えているのでなければ、ただあたりまえの世界が私たちの周りに空間的に広がっているだけなのです。

もとより、なぜカントがわざわざこんな考え方をしたか。これが問題です。これを少しずつ押さえていきますから、どうか気長におつきあいください。

†時間もまた

以上に述べたことは、主として『純粋理性批判』の「超越論的感性論」で論じられます。「感性論」というのは、ドイツ語では〝Ästhetik〟(エステーティク)です。ギリシャ語で「感覚」のことを〝αἴσθησις〟(アイステーシス)と言います。ローマナイズすると〝aisthesis〟です。ドイツ語の「感性論」、「エステーティク」は、この「アイステーシス」を基にして作られた言葉で、まさしく「感覚の論」、つまり「感性論」です。

因みに、ドイツではカントの頃に、この「エステーティク」が「美の学」、つまり「美学」という意味でも使われるようになっていて、今私たちが普通に使っている「エステ」などの言葉遣いは、これが基になっています。

さて、その超越論的感性論なのですが、カントは、空間だけでなく時間についても、私たちの感覚能力(感性)に組み込まれた基本的な枠組みとしてこれを扱おうとします。

先ほど見ましたように、目に見えているさまざまな対象は、空間の中に現れています。

カントによれば、それは、私たちの感性に空間が形式として組み込まれていて、外的対象を直観するとき、それらがすべて空間の中に現れるようになっているからそうなるのです。そうした外的な対象は、また、すべて時間の中に現れますよね。ここでも、なにもない時間が考えられるとしても、時間の中にないものは考えられません。時間というものは、空間同様、そういった特殊なあり方をしています。そこでカントは、時間もまた、もともと私たちの感性の働きの中に純粋な直観の形式として組み込まれているものだと考えます。私たちがすべてを時間の中に捉えるようにできているから、すべてが時間の中に現れるのだと言うのです。

今、「すべてが時間の中に現れる」と言いました。空間の場合には、空間の中に現れるのは外的対象だけです。これに対して、日常的に私たちが自分の心の中にあるとすでに思っているもの、例えば、感情とか心の作用とかいったものは、外的対象と同じ仕方で空間の中に現れるわけではなさそうです。ところが、そういったものも含めて、一切が、時間の中に現れます。その意味で、時間は空間よりももっと広い適用範囲を持っています。すべてが時間の中に現れる。このことを、カントは先ほどの空間の場合と同じように、すべてが時間の中にあるから私たちはそう受けとめるというのではなく、私たちがそのようにすべてを時間の中に現れさせるようなメカニズムを有しているものだから、すべてが時間の中に現れるのだと見るのです。

こうして、空間と時間に対して、私たちの感覚能力に組み込まれた「ものの見方」としての位置づけがなされます。空間と時間は、私たちがそれらをどう思おうと関係なく実在しており、だから私たちはそれらをそのようなものとして捉えているといった類いのものではなく、私たちがさまざまなものを空間と時間の中にあるように見る仕掛けを持っているものだから、さまざまなものが空間と時間の中にあるように見えるのだ、というのです。

なぜカントはこのような見方をするのでしょうか。これが問題です。

†知性

問題に答えるためには、細部の確認をあとまわしにして、もう一つ、「超越論的感性論」と並んでカントの見解の核心をなす、「超越論的分析論」の議論の基本部分を見ておく必要があります。

これまで感性の話をしてきましたが、感覚が働いて対象が現れるだけではまだ認識を得たことにはなりません。カントは、そのようにして感性的に与えられる対象に対して、心のもう一つの働きである「知性」がそれについて考え、判断しなければならないと考えます。

「知性」、ドイツ語原語は 'Verstand'（フェアシュタント。ドイツ語の語尾のdは濁りません）で、我が国では多くの場合これを「悟性」と訳してきました。しかし、カントのこの言葉は、ロックの『人間知性論』に言う「知性」のドイツ語版です。英語では知性は'Understanding'で、この言葉のもとになっているラテン語は'intellectus'（インテッレクトゥス）です。ラテン語のインテッレクトゥスが英語では「アンダスタンディング」と言われ、それがさらにドイツ語で「フェアシュタント」と言われているのです。インテッレクトゥスもアンダスタンディングもフェアシュタントも、いずれも「理解する」という意味の動詞（intellego/intelligo, understand, verstehen）の名詞形です。公用語だったラテン語の「インテッレクトゥス」を「知性」と訳し、「アンダスタンディング」も同様に「知性」と訳すのであれば、ドイツ語の「フェアシュタント」の訳を変えなければならない理由はありません。使い方に異同があるのなら（それは当然よくあることです）そのことを明らかにすればいいことで、訳語を変えることによって系譜が見失われるよりはいいのではないかと私は考えています。そこで、本書では「悟性」ではなく「知性」で通します。

因みに、ロックの『人間知性論』（*An Essay Concerning Human Understanding*）のラテン語訳の表題は'*De Intellectu Humano*'（デー・インテッレクトゥー・フーマーノー、人間の知性について）で、「インテッレクトゥス」の格変化した形が使われています。しかも、ロック自身もこの本の一六七一年の草稿の一つ（いわゆる「草稿B」）に、それと同じラテン語の表題を書き込んでいます。また、先に挙げたこの本の最初のドイツ語訳では、'Understanding'はもちろん'Verstand'（フェアシュタント）となっています。

†純粋知性概念（カテゴリー）

この思考能力あるいは判断能力としての「知性」にもまた、合計一二個の「ものの見方」あるいは「ものごとの捉え方」が組み込まれているとカントは考えます。例えば私たちはさまざまな現象を因果関係の観点から捉えようとしますよね。その因果関係という捉え方も、もともと知性に組み込まれている「ものごとの捉え方」なのです。これが働くため、私たちはさまざまな事象を原因・結果の観点から捉えようとする、というのです。

カントは、私たちの知性がアプリオリに持っているこうした思考パターン（カントの言い方では「思考形式」［B一五〇］）を、「純粋知性概念」（reiner Verstandesbegriff ライナー・フェアシュタンデスベグリフ）と呼びました。別名「カテゴリー」（Kategorie）です。

カントはこの純粋知性概念もしくはカテゴリーを四つの組に分けます。それぞれの組は三つの項からなりますので、カテゴリーは全部で一二個です。彼が提示するカテゴリー表の各組を、順次見ていきましょう。

†量のカテゴリー

彼がまず提示するのは、「量のカテゴリー」です（「……」の中の言い換えは、私が付けたものです）。

1　量のカテゴリー

単一性〔一つであること〕

数多性〔複数あること〕

総体性〔全部そうであること〕

どういうことかと言いますと、私たちは、自分が扱おうとしているものを、これは一つだ、複数のものがある、全部そうだといった具合に、その数量に関して異なった仕方で捉えようとしますよね。カントは私たち自身が行っているさまざまなもののこうした数量的な捉え方を、このように基本的に三つあるとしているのです。一つ、複数、全部。私たちの知性は量に関してそのいずれかの捉え方をするようになっているということを、カントは「量のカテゴリー」としてひとまとめにし、これを最初に提示します。

普通、私たちは二分法をよく使いますよね。あれかこれか。一つか二つ以上か。ところが、カントはカテゴリーのすべての組が三つずつの項からなるとします。これについてカントは、基本は二分法（二項目）だと認めた上で、「三つ目のカテゴリーはどれもその組の一つ目のカテゴリーと二つ目のカテゴリーを結びつけることによって出てくる」（B一一〇）と説明します。

「量のカテゴリー」の場合、一つ目のカテゴリーは「一つであること」、これに対して二つ目のカテゴリーは「複数あること」（二つ以上あること）です。これら二つを結びつけると、複数あるのだがそれらを一つと見ることができる、つまり、「全部そうだ」ということだ、とカントは考えるのです。

こういう考え方、ちょっとおもしろいでしょ。もとは二つのあれかこれかなんだけど、それらが合わさるともう一つの捉え方ができる。こういうの、本書では扱いませんけど、ヘーゲルという人の「弁証法」という考え方に結構影響を与えているのです。

†質のカテゴリー

カントが次に挙げるのは、「質のカテゴリー」です。

2　質のカテゴリー
　実在性〔あるあり方をしていること〕
　否定〔あるあり方をしていないこと〕
　制限〔ある限られたあり方をしていること〕

先ほどの「量のカテゴリー」というのはまだしも、ここでどうして「質」という言い方をするのかなと、まずそのことを気にされるかもしれませんね。

カントはヨーロッパの伝統的論理学の古くからの言い回しに従い、テクニカルタームとして「質」という言い方をしているのです。このことは、あとで確認することにしますので、今はとりあえずそのように言うんだということにしておいてください。

で、一つ目の「実在性」ですが、「実在性」と訳しても、それだけではなんだかよくわかりませんよね。「実在性」のもとのドイツ語は'Realität'（レアリテート）なんですけどね。「物」（英語では'thing'、カントならドイツ語で'Ding'［ディング］と言っているものです）を、ラテン語で'res'（レース）と言います。「レアリテート」は、このラテン語の「物」を表す言葉の形容詞形'realis'（レアーリス）が名詞化してできた'realitas'（レアーリタース）という言葉のドイツ語版で、英語では'reality'（リアリティー）にあたるのですが、さまざまな意味の分岐があって、一筋縄ではいきません。カントはここではこの言葉を「こうなっていること」、「あるあり方をしていること」という意味合いで用いています。

これに対して、二つ目の項「否定」は、「そうではないこと」、「あるあり方をしていないこと」を意味します。

まだ二つ目までですが、これで見当をつけていただけたのではないでしょうか。私たちはさまざまな事柄に対して「こうなっている」、「こうなってはいない」と考えますよね。そうした考え方が、私たちの知性にもともと組み込まれていて、これをカントは「純粋知性概念」もしくは「カテゴリー」に数えているのです。

さて、「質のカテゴリー」の三つ目は、「制限」ですが、これは、「ある限られたあり方をしている」ということです。「実在性」というのが「一〇〇パーセントそうだ」ということで、「否定」が「まったくそうではない」ということであれば、「制限」というのは、ある度合いにおいてそうであるということです。

実はこの考え方、例えば一センチの長さを次々と足していくとどんどん長くなっていきますよね。このように、足していくと大きくなるような量のことを、カントは「外延量」(extensive Größe エクステンジーヴェ・グレーセ)と呼びます。これに対して、「白さ」のような質は、どんどん足せばいくらでも白くなるというんじゃなくて、完璧に白いか、まったく白くないかという両極端があって、その間の度合いがいろいろありますよね。このような、さまざまな度合いを持つ「質」のことを、カントは「内包量」(intensive Größe インテンジーヴェ・グレーセ)と呼びます。カントは、先ほどの「量のカテゴリー」では、外延量的観点から(つまり数量の観点から)カテゴリーを考えていて、「質のカテゴリー」では内包量の観点から(つまりある「質」をどの程度持っているかという観点から)カテゴリーを考えているのです。そのようなわけですから、ここでカントが言っている「制限」は、さまざまな「度合い」がある、ということです。

因みに、カントが「外延量」、「内包量」として区別している二種類のものの区別は、これもロックの『人間知性論』に、そのもとがあります。ロックは「白さ」のような質について、「度合い」(degree)という表現をします。いろいろな「度合い」の白さがあるというわけです。カントはこれをドイツ語で'Grad'(グラート)と言っています。通常「度」と訳されていますが、ここでは「度合い」にしておきます。

†関係のカテゴリー

カテゴリーの三つ目の組は、「関係のカテゴリー」です。まず、言い換えはせずに、カントが挙げているものをそのまま示してみます。

3　関係のカテゴリー

内属性と自存性(実体と偶有性)

原因性と依存性(原因と結果)

相互性(作用するものと作用を受けるものとの間の相互作用)

参考のために、カントのもとの表記もそのまま示しておきましょう。

3. Der Relation:(デア・レラツィオーン)

der Inhärenz und Subsistenz (substantia et accidens)（デア・インヘレンツ・ウント・ズプジステンツ［スブスタンティア・エト・アッキデーンス］）

der Kausalität und Dependenz (Ursache und Wirkung)（デア・カウザリテート・ウント・デペンデンツ［ウーアザッヘ・ウント・ヴィルクング］）

der Gemeinschaft (Wechselwirkung zwischen dem Handelnden und Leidenden).（デア・ゲマインシャフト［ヴェクセルヴィルクング・ツヴィッシェン・デム・ハンデルンデン・ウント・ライデンデン］）

となっています。

†内属性と自存性（実体と偶有性）

西洋には昔から、なにかがあって、それがさまざまな性質を持っているという捉え方がありました。さまざまな性質がそれだけで存在しているのではなくて、なにかがそれを支え持っているからそれらの性質が存在できるのだという捉え方です。私たちにもよく理解できる捉え方だと思います。花があって、それがこんな色をしているとかこんな形をしているとか。あるいは、「花」とは何かを言おうとしますと、「これこれこういうもの」という言い方をついしてしまいますよね。なにかがあって、それがさまざまなあり方をしているという、こうした「ものごとの捉え方」において、もとにあってさまざまなあり方を支え持っているものを、西洋ではアリストテレスの語法にならって、しばしば「実体」と呼んできました。

実体。久しく西洋の公用語であったラテン語では、substantia（スブスタンティア）と言います。sub-（スブ）は「下に」、stantia（スタンティア）は「立っているもの」もしくは「あるもの」、つまり、「下に立っているもの」、「下にあるもの」です。これを我が国では「実体」と表現しています。

前節の最後に掲げたカントのもとの表記の一つ目の項目の括弧書きの中に出てくるsubstantia というのは、この「実体」のことです。そして、それに続けて、et（エト、英語の and にあたります。フランス語の et［エ］のもとです）の次に accidens（アッキデーンス）というのが出てきます。これは、その実体がたまたま持っているさまざまな性質のことです。もともと「降りかかってきたもの」を意味します。英語に accident（アクシデント）というのがありますよね。「事故」とかを意味しますが、これも同じルーツの言葉です。たまたまそうなったもの、そうなっているもの。というわけで、アッキデーンスは「偶有性」と訳されたりしています。

これでおわかりのことと思いますが、「関係のカテゴリー」の一つ目、「内属性と自存性（実体と偶有性）」は、右に述べた「実体」と「偶有性」の関係です。なにかもとになるもの（実体）が存在していて、それがさまざまな性質（偶有性）を持っているという関係です。カントはこれを、順番は逆になっていますがドイツ語に言い換えて、「内属性と自存性」（Inhärenz und Subsistenz）と表現しています。自存性はそれ自身で存在すること、内属性は、それに属していることを意味します。

ということで、もう一度繰り返しますけど、私たちはなにかが存在して、それがさまざまな性質を持っていると考えていますよね。ここになにか物があって、それがこんな色をし、こんな形をし、こんな香りを放ち、というわけで、例えば目の前にある花をそのような観点から見ることがありますよね。カントがここで言っているのは、そうした、私たちの日常の捉え方の中にも認められる——アリストテレスに見られるように古くから認められてきた——「ものごとの捉え方」のことなんです。となると、私たちの知性はこの種の「純粋知性概念」ないし「カテゴリー」をアプリオリに持っているというカントの考えも、わからなくはないですよね。

†原因性と依存性（原因と結果）

「関係のカテゴリー」の二つ目は「原因性と依存性（原因と結果）」です。括弧の中の「原因と結果」という言い方が、多分わかりやすいと思います。

私たちはさまざまなものが原因と結果の関係にあると、日々思っています。これが原因で、これがその結果。この関係をもとにして、ファンヒーターをつけて部屋を暖かくしたり、うちわで扇いで涼んだりするように、あることをして別のあることを起こそうとするということも、よく行われています。

この原因と結果の関係を、カントは「原因性と依存性」の関係とも表現します。そして、この関係もまた、私たちが知性の中にもともと持っている「ものごとの捉え方」、つまり「純粋知性概念」であると、カントは主張するのです。

原因と結果の関係も、この世界がそれ自体でそういう関係を多々持っているから私たちはそれをそのように捉えるのだというのではなくて、私たちが感性によって与えられた「表象としての世界」をそのような原因・結果の観点から捉えるようになっているからそのように見えるのだ、とカントは考えるのです。

†相互性（作用するものと作用を受けるものとの間の相互作用）

「関係のカテゴリー」の三つ目は、「相互性（作用するものと作用を受けるものとの間の相互作用）」です。先ほどの「量のカテゴリー」、「質のカテゴリー」の場合と同じように、「関係のカテゴリー」でも、この三つ目のカテゴリーについては、「三つ目のカテゴリーはどれもその組の一つ目のカテゴリーと二つ目のカテゴリーを結びつけることによって出てくる」という先のカントの説明が適用されます。カントはこの三つ目を「他の実体と相互に規定し合うという仕方で働く実体の原因性」(B一一一)と説明します。「関係のカテゴリー」の一つ目は、実体に関するものでしたよね。そして、二つ目は、原因(性)に関するものでした。三つ目はこれらの組み合わせで、実体としての物が互いに作用を及ぼすこと、つまり「相互作用」です。相互に原因として働くということですから「相互原因性」とも言います。

そして、これもまた、カントに言わせれば、私たちの「知性」に最初から(アプリオリに)組み込まれている「ものごとの捉え方」なのです。

†様相のカテゴリー

カントがカテゴリーの最後の四つ目の組として挙げているのは、「様相のカテゴリー」です。それは、次の項からなっています。

4　様相のカテゴリー
可能性――不可能性
現実存在――非存在
必然性――偶然性

私たちは「これこれは可能である」とか「不可能である」とか、「現実にそうなっている」とか「現実にそうなっていない」とか、「必然的にそうなっている」とか「偶然そうなっている」とか、考えたり言ったりしますよね。こうした、可能だとか不可能だとか、必然的だとか偶然だとか、そういった捉え方を「様相」と言います（今日、そうしたものに関わる論理学を「様相論理学」と呼んでいます。聞かれたことがあるかもしれませんね）。「様相のカテゴリー」というのは、その様相のことなのです。

あることを可能と考えたり、事実そうなっていると考えたり、必ずそうなっていると考えたり、またその反対のことを考えたり。これらも、カントは、私たちの「知性」に組み込まれた「ものごとの捉え方」によると、考えます。こうした「ものごとの捉え方」が機能して、さまざまなことについて「可能だ」とか「必然的だ」とか考えるのだというのです。（なお、必然性というのは、可能性を考えるだけで現実にそうなることがわかる、つまり、それ以外にはありえないということです。そういう意味で、「必然性は、可能性そのものによって与えられている現実存在にほかならない」［B一一一］とカントは言います。）

†判断の形式

以上、カントの言う「純粋知性概念（カテゴリー）」がどのようなものであるかを見ていただきました。カントによれば、知性は直観に与えられた対象を、これらの純粋知性概念――つまり知性にもともと組み込まれた（経験から獲得したのではない）「ものごとの捉え方」――を通して、理解し、考え、判断するのです。

では、カントはそういった純粋知性概念を思いつくまま列挙したのでしょうか。カントに言わせれば、けっしてそうではありません。カントは、私たちが行う「判断」の形式から、純粋知性概念を完璧に（つまり一つももらすことなく）引き出したのだと主張します。

アリストテレス以来、語の検討から始めて、語から構成される文を考察し、文の組み合わせで構成される推論の形式的妥当性を解明するのが、伝統的論理学の核をなす仕事でした。今私は「文」と言いましたけれども、ヨーロッパ中世の伝統的論理学では、よく「命題」という言葉が使われました。ラテン語では'propositio'（プローポシティオー）、英語に入って'proposition'（プロポジション）となります。

一七世紀から一八世紀にかけて、人間の心の側からさまざまな事柄を見ようとするいわゆる「主観主義」が台頭してきますと、命題が表していることは、要するに人間が行っている「判断」の結果であるという見方に重心が移ります。カントがかつて「命題」と言われてきたものをたびたび「判断」という言い方で表現するのはそのためです。

アリストテレス以来の伝統的論理学では、長い年月をかけて、命題がどのような形式をもち、それらが互いにどのような関係にあるかが研究されてきました。カントはその成果が、人間の「判断」の形式を一つももらすことなく捉えているはずだと確信していました。

そのため、カントが「純粋知性概念」を完璧に数え上げようとする際に拠り所としたのが、伝統的論理学が提示していた「命題」の形式、言い換えれば「判断」の形式でした。

†量と質

伝統的論理学が準備したテクニカルタームのうち、ここで「量」と「質」について見ておきましょう。

ヨーロッパ中世の大学の論理学の教科書を見てみますと、分類のためのテクニカルタームとして、ラテン語で 'quantitas'（クァンティタース）というのと 'qualitas'（クァーリタース）というのが出てきます。これらは英語に入ると 'quantity'（クオンティティー）と 'quality'（クオリティー）となります。「量」と「質」です。

伝統的論理学において推論を考察するとき、主として三つの種類の「命題」が取り上げられます。

(a)「ソクラテスは人間である」
(b)「あるギリシャ人は人間である」
(c)「すべてのギリシャ人は人間である」

(a)は、ソクラテス一人のことを言っていますよね。こういう命題を、「単称命題」(propositio singularis プローポシティオー・シングラーリス)と言います。(b)は、あるギリシャ人(たち)のことについて言っていますよね。このように、主語に「ある」がついたタイプの命題を、「特称命題」(propositio particularis プローポシティオー・パルティクラーリス)と言います。三つ目の(c)は、すべてのギリシャ人について言っていますよね。このように、主語に「すべての」がついているタイプの命題を、「全称命題」(propositio universalis プローポシティオー・ウーニウェルサーリス)と言います。そして、一つのものについて言っているのか、ある(複数の)ものについて言っているのか、すべてのものについて言っているのかということの違いを、「量」の違いとして捉えるのです。

次は「質」です。伝統的論理学で言う「質」とは、肯定命題(propositio affirmativa プローポシティオー・アッフィルマーテーワ)であるか否定命題(propositio negativa プローポシティオー・ネガーティーワ)であるかという、その違いのことです。

先ほどの(a)、(b)、(c)は、いずれも肯定命題ですが、

(d)「ソクラテスは人間ではない」
(e)「あるギリシャ人は人間ではない」
(f)「すべてのギリシャ人は人間ではない」

という三つの命題は、いずれも否定命題です。

(a)は、単称命題で肯定命題ですから、「単称肯定命題」、(b)は、特称命題で肯定命題ですから、「特称肯定命題」、(c)は、全称命題で肯定命題ですから、「全称肯定命題」と言います。同様に、(d)は「単称否定命題」、(e)は「特称否定命題」、(f)は「全称否定命題」と言います。

カントが先の「量のカテゴリー」と「質のカテゴリー」を「純粋知性概念」として導き出すとき、彼がもとにしたのは、こうした伝統的論理学で行われている命題の形式的区別です。量については、カントは今見ていただきました「単称」、「特称」、「全称」を考慮して三つのカテゴリーを取り出しています。質については、これも今見ていただきましたように、伝統的には「肯定」と「否定」が認められており、これをもとにして「質のカテゴリー」として

実在性〔あるあり方をしていること〕
否定〔あるあり方をしていないこと〕

の二つをまず引き出しているのですが、カントはそのもとになった「肯定命題」と「否定

命題」（カントの場合には「肯定判断」と「否定判断」）に加えて、「無限判断」というものについて考察し、そこから先ほどの

制限〔ある限られたあり方をしていること〕

という三つ目のカテゴリーを引き出します。

カントが「無限判断」と言っているのは、「魂は死すべきものではないものである」といった類いの、述語に否定的意味合いの入った判断です。形からすると肯定判断なのですが、意味合いとしては、単純な肯定判断とは言えそうにないですよね。これをカントは重要な意義を持つものとして「肯定判断」、「否定判断」とともに取り上げ、それら三つの判断の形から、「実在性」、「否定」、「制限」という三つのカテゴリーを引き出します（カント自身はそれら三つの判断の形からそれに対応する三つのカテゴリーがどのように引き出されるかを具体的に説明することはしません）。

実はこの三つ目の「無限判断」、もともとラテン語で 'enuntiatio infinita'（エーヌンティアーティオー・インフィーニータ）とか、'propositio infinita'（プローポシティオー・インフィーニータ）とか言われていたもののことなんです。今、'propositio infinita' に話を限定しますと、これ、英語にすると、'infinit proposition'（インフィニット・プロポジション）です。

「インフィニット」というのは、「無限の」と訳されるので、だからカントも「無限判断」（unendliches Urteil ウンエントリッヒェス・ウアタイル）と言うのだと考えられるかもしれませんが、実のところこの'infinita'（インフィーニータ）というラテン語の形容詞は、この場合には、元来、「不確定」を意味していると考えるのがいいのです。「確定」（finita フィーニータ）に対して「不確定」です。ですから、'propositio infinita'（プローポシティオー・インファーニータ）は、「不確定命題」と訳すほうがわかりやすいのです。

不確定命題の比較的わかりやすい例を挙げますと、「犬はウサギを噛んではいない状態にある」（Canis est non mordens leporem. カニス・エスト・ノーン・モルデーンズ・レポレム）というのがそれです。主語は「犬」で、はっきりしていますよね。こういう主語のあり方を、「確定」と言うのです。ところが、述語は「ウサギを噛んではいない状態に」で、こういう述語は「確定」じゃなくて、「不確定述語」（praedicatum infinitum プラエディカートゥム・インフィーニートゥム）と言います。どうしてかというと、ウサギを噛んでいるんじゃないということが言われているだけですから、犬が、寝ていたり、ドッグフードを食べていたり、ひたすらテレビを観ていたり、ビールを飲んでいたり（あ、これはあまりないか）、ともかくウサギを噛んでいるのでさえなければ、なんでもOKですよね。ですから、これと決まらなくて、「不確定」なんです。だから、全体として――つまり、命題としても――「不確定」となり、それで「不確定命題」なんです。

けれども、「これこれではない」という言い方で言われる場合、じゃあ具体的には何なのかということになりますと、その可能性は無限にありそうですよね。ですから、そういう否定的な言い回しを含む命題は、「無限命題」とか「無限判断」とか言われるようになったのです。

†定言判断・仮言判断・選言判断

さて、伝統的論理学では、さらに別の観点から判断（命題）を分類します。「ソクラテスは人間である」とか「あるギリシャ人は人間である」とか「すべてのギリシャ人は馬ではない」とかいった類いの判断は、なにかについてあることを肯定したり否定したりするものですよね。「かくかくはしかじかである」とか「かくかくはしかじかではない」とかいったタイプの判断を、「定言判断」と言います。これに対して、条件付きの判断を私たちはよくします。「もしかくかくなら、しかじかである。」「もし太陽の光が石にあたるなら、石は温かくなる。」このようなタイプの判断を、伝統的論理学ではときに「仮言判断」と言います。「仮にこうだとすれば」という言い方をするからです。また、伝統的論理学では、「選言判断」というもう一つの判断のタイプが認められています。これは、「かくかくであるか、しかじかであるかのいずれかである」というタイプの判断です。カントはこういう判断の種類をもとに、先の「関係のカテゴリー」を引き出すのです。

え、「かくかくはしかじかである」とか「かくかくはしかじかではない」とかから、実体と偶有性という「ものごとの捉え方」を引き出すのはわからないではないし、「もしかくかくなら、しかじかである」という判断から原因と結果という「ものごとの捉え方」が私たちにあるとすることも、わからないではないが、「あれかこれかのいずれかである」みたいな判断の形式から先ほどのような「実体の相互作用」を引き出すのはちょっとわかりづらい、ですか？　はい。実は私もそう思っています。先ほどの「無限判断」から「制限」というカテゴリーを引き出す場合も、そうですよね。でも、とりあえずは、カントが「判断」の「形式」から「純粋知性概念」を導き出すやり方を、最後まで見てみましょう。

†判断の様相

四つ目の「様相のカテゴリー」を、カントは「判断の様相」から導き出します。

私たちが行う判断には、「多分そうだ」とか「可能性はある」とかいった類いのものがあります。「事実そうだ」とか「必ずそうだ」とかいうのとは違います。そういう類いの判断を「蓋然判断」とカントは呼びます。これに対して、「事実そうだ」、「実際そうなっている」というタイプの判断を、「実然判断」と言います。「実然」というのは聞き慣れないと思いますが、「事実そうだ」ということですから、実際に然り、実際にそうなっているということで、「実然」です。また、「必ずそうだ」というのは、「それでしかありえない」ということで、こういう判断を「明証必然判断」と言います。「必然」的である上に、そのことが明らかである（明証的である）ということから、「明証必然」とされるのです。もとはアリストテレス由来の'apodiktisch'（アポディクティッシュ）というドイツ語で、「必当然」と訳される場合もあります。

で、カントはこれら三つの判断の種類の違いから、先ほどの「様相のカテゴリー」、つまり、

可能性――不可能性
現実存在――非存在
必然性――偶然性

を引き出すのです。しかも、それぞれが「可能性――不可能性」のように、二つのものがペアになった形でそれを引き出すのです。

†カテゴリー表と判断表

このように、伝統的論理学が提示してきた判断の分類をもとに、カントはそこから合計一二個のカテゴリーつまり純粋知性概念が、私たちの「ものごとの捉え方」として、アプ

リオリに知性に備わっているとするのです。

先に進む前に、カントはこれらのカテゴリーを次のような形で表示していますので、それを掲げておきましょう。

1 量のカテゴリー
- 単一性
- 数多性
- 総体性

2 質のカテゴリー
- 実在性
- 否定
- 制限

3 関係のカテゴリー
- 内属性と自存性（実体と偶有性）
- 原因性と依存性（原因と結果）
- 相互性（作用するものと作用を受けるものとの間の相互作用）

4 様相のカテゴリー
- 可能性――不可能性
- 現実存在――非存在
- 必然性――偶然性

ついでに、カントが掲げた「判断表」も、その全体を、参考のために挙げておきましょう。次のとおりです。

1　判断の量
全称判断
特称判断
単称判断

2　判断の質
肯定判断
否定判断
無限判断

3　判断の関係
定言判断
仮言判断
選言判断

4　判断の様相
蓋然判断
実然判断
明証必然判断

「判断の量」の三つの項と、「量のカテゴリー」の三つの項の順番が逆になっていることにご注意ください。「単一性」に対応するのは「単称判断」、「総体性」に対応するのは「全称判断」であるはずですが、カントは逆に表記しています。

†コペルニクス的転回――カントのもくろみ

さて、カントは、私たちがものごとを知るには、そもそも対象が「感性」によって私たちに与えられなければならず、また「知性」がその与えられた対象について考え、判断しなければならないとします。「感性」と「知性」のどちらもが働かないと、「認識」は得られないということを、カントは繰り返し強調します。

ところが、それですと、感性、つまり感覚能力が働いて私たちに表象としての対象が与えられ、それについて判断がなされるということですから、それは通常の自然科学がことするような「経験的認識」が得られるということであって、それでどうして経験によらない「アプリオリな総合判断」が可能なのか、まだまったくわかりませんよね。

ところが、おもしろいことに、カントは感性についても知性についても、それぞれがもともと特定の「ものの見方」、「ものごとの捉え方」を持っていると考えたわけですよね。「感性」については、空間と時間という純粋直観形式が私たちの感覚能力に組み込まれていて、だから外的対象についてはそれらすべてが空間中に現れるのであり、またあらゆるもの、私たちの意識の対象となるもの一切が、時間の中に現れるのでした。

加えて、「知性」については、一二個の基本的な思考パターンである「純粋知性概念」が私たちの「知性」に組み込まれており、私たちがものを考え判断しようとすると、その思考パターンが機能してそのパターンに従った思考や判断がなされるというのです。

つまり総じて、この世界がそのようになっているから私たちはそのように見、そのように考え判断する、というのではなく、私たちがそのように見、そのように考えるようになっているから、そのように見られそのように考え判断されるのだと言うのです。

その昔、ニコラウス・コペルニクス（Nicolaus Copernicus, 1473-1543）が、地球が動いているから天体がそのように動いているように見えるのだという、地動説の見解を再導入しましたが（「再導入」というのは、「地動説」そのものは古代ギリシャで開発されていたものですから）、カントは『純粋理性批判』第二版序言で、自分の立場をコペルニクスのそれになぞらえています。カントの立場はこれに因んで「コペルニクス的転回」（Kopernikanische Wendung コペルニカーニッシェ・ヴェンドゥング、あるいは Kopernikanische Wende コペルニカーニッシェ・ヴェンデ）と言われています。私たちがそのように見、そのように考えるようになっているから、そのように見え、そのように考えられるのだ、なのです。

カントのこの「コペルニクス的転回」は、カントが解かなければならない問いに答えるために、不可欠のものでした。

章を改めて、さらにこの件について見ていきますが、ここで一つだけ。問題は、アプリオリな総合判断がどのようにして成立するか、でした。純粋数学に属する事例にせよ、純粋自然科学に属する事例にせよ、カントは現実に存在すると彼が信じていたアプリオリな総合判断を、いずれも、必然性・普遍性を持つものと見ていました。そうでなければならず、それ以外にはありえないようなものと、見ていたのです。

他方、カントは、目で見て、耳で聞いて、触ってみて、私たちが知ること、つまり、経験によって私たちが知ることには、必然性がないと考えていましたよね。彼は、そうしたものはそうでなくてもよかったという性格を持つと考え、「経験は必然性を与えない」と繰り返し主張します。

ということは、必然的な「アプリオリな総合判断」は、その意味でも、絶対に経験に基づくとするわけにはいかないのです。

ところが、これまでの話で、彼は、私たちは経験によらず、もとから(アプリオリに)ある道具立てを持っている、ということを、一応示したことになりますよね。空間と時間という純粋直観形式と、一二個の純粋知性概念です。そしたら、必然的な「アプリオリな総合判断」は、それらだけを使って得ることができるのだと主張すると、なんだかうまく行きそうですよね。そこなんです。それがカントのもくろみなのです。

第5章　「独断のまどろみ」から醒めて

†もう一つのハードル

こうして、空間と時間という純粋直観、それに、一二個の純粋知性概念が出そろいました。あとは、それらを使って、「アプリオリな総合判断」の可能性を一挙に論じればよさそうですが、実は、カントは、まだお話ししていない、ある問題を抱えていました。

カントは、対象を与える「感性」と、それについて考え判断する「知性」とを、心の二つの異なる能力と見ます。知性がアプリオリに持っている純粋知性概念は、あくまで知性が持っているもので、これがどうして知性とは異質の感性が与える直観に適用できるのか。この問題をカントはどうしても解かなければならないと考えていました。

カントがそのような問題を抱え込むきっかけとなったのは、ヒュームがカントの言う「純粋知性概念」の一つについて、それに対応するものが直観の中にはないということをカントに納得させたことにあります。純粋知性概念が直観に対応しないとなると、そもそも純粋知性概念は直観に適用できるのかという問題が生じ、純粋知性概念と感性の純粋直観とによる「アプリオリな総合判断」の可能性の考察も、頓挫しかねません。

そのようなわけで、カントは直観に対する純粋知性概念の適用可能性について、かなりのスペースを割いて論じます。いわゆる純粋知性概念の「演繹」です。

本章では、そのきっかけをなすヒュームとの出会いから、話を始めることにします。

†「独断のまどろみ」からの覚醒

『プロレゴーメナ』のカントの言によりますと、『純粋理性批判』へと至る重大な方向転換のきっかけをカントに与えたのは、スコットランドのヒュームの哲学との出会いでした。カントは『純粋理性批判』等でヒュームに幾度か言及しています。いずれも、ヒュームの限界を指摘しながらも、（彼が「あの有名なロック」（der berühmte Locke）という言い方で繰り返し敬意［?］を表わしているロックと比べると、はるかに）ヒュームに対して好意的です。（余計なことですが、私は、第1章に述べましたように、カントが自分のルーツの一つをスコットランドにあると信じそれを表明していることも、ヒュームに対する敬意と若干関わりがあるように思うことがあります。）

カントはその出会いを「独断のまどろみ」（dogmatischer Schlummer ドグマーティッシャー・シュルマー）からの覚醒と捉え、次のように述べています。

> 率直に告白すると、何年も前にはじめて私を独断のまどろみから目覚めさせ、思弁哲学〔＝理論哲学〕の分野における私の研究にまったく別の方向を与えたのは、まさしくデイヴィッド・ヒュームの警告であった。〔とはいうものの、〕彼が引き出した結論に耳を貸したわけではけっしてない。その結論は、彼が自分の課題を全体として考えず、その課

題の一部にだけ思い至ったために導かれたものであり、その課題の一部は、全体を考慮に入れなければいかなる教示も与えることができないものであった。（『プロレゴーメナ』序言〔アカデミー版カント全集第四巻二六〇ページ〕）

また、その少し前の段落では、次のように述べています。

ロックとライプニッツの試論以来、あるいはむしろ形而上学の発生以来、その歴史の及ぶ限り、この学問〔形而上学〕の運命に関して、デイヴィッド・ヒュームがそれに加えた攻撃ほど決定的となりえた出来事はなかった。彼はこの種の認識にいかなる光ももたらさなかったが、それでも彼は一つの火花を打ち出した。その火花は、もし燃えやすい火口に当たり、そのかすかな光が注意深く保たれ強められたなら、おそらくはあかりを点すことができるものであった。（『プロレゴーメナ』序言〔アカデミー版カント全集第四巻二五七ページ〕）

ヒュームが打ち出したと言う「火花」、それは、カントのカテゴリー表の「関係のカテゴリー」の二つ目に出てくる、原因と結果の関係に関わるものでした。

†因果関係に関するヒュームの見解

カントはもともと、原因と結果の関係というのは、「そうでなければならない」という必然的なものであると信じていました。そして、そうした必然的因果関係がこの世界（自然）の至るところに見出されると考えていました。ところが、ヒュームは、一七三九年に刊行した『人間本性論』第一巻第三部第二節において、原因と結果の関係を構成するものとして（言い換えると因果性［causality］の観念を構成するものとして）、「近接」と「継起」の二関係（これについてはすぐあとで説明します）を見出したあと、次のように言うのです。

> そうすると、われわれは、因果性の完全な観念を与えるものとして、近接と継起という二つの関係で満足すべきであろうか。けっしてそうすべきではない。ある対象は、別の対象の原因とみなされることなく、その別の対象と近接しそれに先行することがありうる。〔ここではさらに〕必然的結合が考察されなければならず、その関係は、右に言及した他の二つのいずれよりもはるかに重要である。（ヒューム『人間本性論』第一巻第三部第二節）

ここに言う「近接」（contiguity）とは、原因とみなされるものと結果とみなされるものは時間的にも空間的にも接していなければならないというものです。これが起きるとすぐにそれと時間的にも空間的にも接している別のことが起きるということで、このことは、知覚的に確認されることだとヒュームは見ます。見ればそのようになっていることがわかると言うのです。

また、「継起」（succession）というのは、原因と結果は同時に生起するのではなく、原因が先行し、それに続いて結果が起きるということです。続いて起きること、これもまた、ヒュームによれば、知覚的に確認されることであり、見ればわかるとされています。

ところが、ヒュームは、「近接」と「継起」という関係だけではまだ因果関係にはならず、原因となるものと結果となるものとの間には「必然的結合」（necessary connexion）がなければならないと考えます。両者が必然的に結びついているということが、原因と結果にはあるはずだと考えるのです。しかし、ヒュームによれば、その「必然的結合」という関係は、感覚されるこの世界の中になんらかの感覚として与えられるものではありません。そのことを、彼は次のように述べています。

私は、この必然的結合の本性を発見し、必然的結合の観念の起源となる一つもしくは複数の印象を見出すため、ここでもう一度対象をあらゆる面において調べる。自分の目を対象の既知の諸性質に向けると、原因と結果の関係はそれらには依存しないことがすぐにわかる。〔そこで〕それらの諸性質の関係を考察すると、近接と継起の関係しか見出すことができない。しかし、先に述べたように、それらは不完全で、満足のいくものではない。(『人間本性論』第一巻第三部第二節)

このように、ヒュームは因果性の観念を構成する三つの観念、「近接」、「継起」、「必然的結合」のうち、「近接」と「継起」は原因と結果の関係の要素をなすものとして確認することができるが、「必然的結合」の観念の基となるべき「印象」(この場合は感覚を意味します)は経験には見出せないと言うのです。

そこでヒュームはどうしたかと言うと、「必然的結合」を、「習慣」(custom)によるものとします。つまり、これまでの経験の中でいつもあることが起きると別のあることが起きるという「恒常的接続」(constant conjunction)を経験すると、二つのものを常にそのように結びつけることが「習慣」(custom)となり、この習慣によって両者が常に結びつけられることになると結論づけるのです。

†ヒュームショック

カントはヒュームの説を知って、ショックを受けます。なにしろ、この世界(自然)には原因・結果の関係が行き渡っているというのに、その関係の一番肝心な要素である「必然的結合」が見つからないというのですから。因果関係なんて当然自然の中にあると、漫然と「独断のまどろみ」を決め込んでいたのに、眠りから覚まされてしまったのです。「そうか、原因と結果の関係は、必然的結合を考えると、自然の中にあるとしてすませるわけにはいかないいんだ」というわけです。

ところが、それでヒュームはどうしたかというと、この問題を、経験から知ることになった「恒常的接続」をベースに、「習慣」でなんとかかたづけようというわけで、これはカントには、とても受け入れられるものではありませんでした。

なぜかというと、先に見ましたように、カントは「経験は偶然的なものであって、われわれに必然性・普遍性を教えることはできない」と固く信じていたからです。ヒュームのように、因果関係は結局のところこれまでの「経験」を基盤とするにすぎないというのであれば、それでは因果関係が持つところの「必然性」・「普遍性」は保全できないと思われたのです。

そのようなわけで、因果関係の起源をどこに求めるかが、カントにとって大きな問題となります。実際カントはこの件について『プロレゴーメナ』の序言の続きのところで次のように述べています。

原因概念が正当で役に立ち、全自然認識にとって欠くことのできないものであるかどう

> かは、問題ではなかった。というのも、ヒュームはこれをけっして疑問視しなかったからである。問題は、原因概念が理性によってアプリオリに思考され、そのような仕方であらゆる経験から独立した内的真理性を持ち、したがって経験の対象だけに限定されないもっと広範な有用性を持つかどうかである。ヒュームはこの問題について解明を期待した。問題はただこの概念の起源が何であるかであって、この概念の使用が不可欠であるかどうかではなかった。（『プロレゴーメナ』序言［アカデミー版カント全集第四巻二五八〜二五九ページ］）

因果関係の概念は、経験に基づくものではなくて、アプリオリなものでなければならない。ここから、思案を重ねた末、カントはこれを、私たちの「知性」が経験とは関わりなく持っている、アプリオリな「ものごとの捉え方」の一つ、つまり、「純粋知性概念」の一つして扱う道を選んだのです。

先に見ましたように、カントが知性にアプリオリに備わっている「純粋知性概念」とみなしたものは、因果関係に限らず、全部で一二個ありました。カントの言によれば、それはヒュームによって目覚めさせられたことが機縁となって、原因・結果の関係だけでなく私たちの思考法の全般的な見直しを進めた結果でした。

†さらなる課題——「演繹」

こうしてカントは、純粋数学と純粋自然科学が事例を示している「アプリオリな総合判断」がどうして可能なのかを探るための重要な視点の転換を、ヒュームによって促されたのです。そこでカントは、空間と時間をアプリオリな「純粋直観」として感性に帰属させ、また諸種の基本概念をアプリオリな「純粋知性概念」として知性に帰属させることによって問題に答えようとするのですが、しかしながらこの道は、ある大きな課題を残していました。

カントは、感覚能力である感性と、思考・判断能力である知性を、一方が直観の能力で他方が概念を用いる能力であるというふうに、峻別していました。そこから、ある問題が生じると、カントは考えたのです。知性にアプリオリに備わった純粋知性概念が、感性が与える直観にそもそも正当に適用できる保証があるのか、という問題です。

法律に従って人にある権利があることを明らかにしようとするとき、私たちは二つの問題に明確な回答を与えなければなりません。一つは、事実がどのようになっているのかという「事実問題」です。まずは事実がどうなっているかを明らかにしなければ、話になりません。カントはこの「事実問題」をラテン語で'quid facti'（クィッド・ファクティー）と表現しています。もともと法律用語です。'quid'（クィッド）はラテン語で「何？」を意味する言葉で、英語の‘what’にあたります。‘facti’（ファクティー）は‘factum’（ファクトゥム）という言葉が格変化したもので、ファクトゥムは「事実」を意味し、ファクティーは「事実の」を意味します。あ、英語の‘fact’（ファクト、事実）のもとなんだ。そのとおり。で、クィッド・ファクティーは、「事実の何?」、つまり「事実問題」です。

もう一つは、法に照らして、それでどのような権利を持っていると言えるのかを明らかにしなければなりません。どのような権利があることになるのかは、事実はこうだ、だけでは、まだ明らかではありません。法律のこれからすればこういうことになるということを、明らかにしなければなりません。そこで、これは「法の問題」（quid juris クィッド・ユーリス）と言われます。クィッドは先ほどと同じく「問題」を意味します。法はラテン語で‘jus’（ユース）。これが格変化して‘juris’（ユーリス）。「法の」、「法律の」を意味します。ところで、ユースは「権利」や「義務」をも意味するラテン語です。そのこともあって、我が国のカント研究者の間では、クィッド・ユーリスはしばしば「権利問題」と訳されています。

訴訟において、これら二つの問題について証明を求め、権利があることを明らかにすることを、「演繹」（Deduktion デドゥクツィオーン）と呼びました（論理学で「帰納」［英語で induction インダクション］に対する「演繹」［deduction ディダクション］ということを教わられた方もおいでになると思いますが、ここではその転用で、法学の特殊用語だと思っておいてください)。

カントはこうした考え方を借用し、「純粋知性概念の演繹」という標題のもと、知性が感性の与える直観に純粋知性概念を適用する権利を持つことを明らかにするという課題に答えようとしました。どうして知性は自らの純粋知性概念を直観に対して正当に適用できるのか。これを明らかにしようというわけで、このことが、先に見た純粋知性概念の完全な枚挙とともに、『純粋理性批判』の「超越論的分析論」という部門の、さらに「概念の分析論」というところの、重要課題となります。

†経験的演繹と超越論的演繹

カントは、「演繹」を二種類に分類します。一つは、ある概念がどのようにして経験から獲得されたかを示すものです。カントによれば、「重さ」とか「犬」とか「皿」とかいった概念は実地の経験の中で私たちが獲得した概念で、こういうのを「経験的概念」と言うのですが、こうした概念がどのようにして経験から得られたのかを明らかにすることを、カントは「経験的演繹」と言います。

経験的概念の場合には、この経験的演繹によって、その概念を使っていいことが示されたことになりますよね。「皿」って何ですかと言われたら、その概念を得たプロセスを実際に示せばいいわけです。つまり、こういうものが「皿」ですと。そのことによって、

「皿」という概念が、「こういうもの」として示されている類いのものに適用していいことがわかります。ですから、カントは、経験的概念については、それが直観に適用できることは、「経験的演繹」で十分に示すことができると考えます。

ところが、純粋知性概念は、そのルーツが経験的概念とはまったく違うとカントは考えていました。それは経験から得られたものではなく、もともと知性にアプリオリに、純粋に備わっているものだというのです。ですから、その概念が直観に正当に適用できることは、その概念が経験的由来を持つことを示すことによっては明らかにはなりません。つまり、経験的演繹は無理なのです。

もちろん、カントによれば、事実上、純粋知性概念は直観に適用されているのですから、経験においてその適用事例を見つけることは当然可能です。例えば、原因・結果の関係の概念は純粋知性概念の一つだったですよね。ヒュームの言ったことからすれば、その概念にそのままぴったり対応するなんらかの直観（ヒュームでは「印象」）を、私たちは見つけることはできません。でも、現実にそうした純粋知性概念が直観に適用されている以上（カントもそれを認める以上）、私たちは例えば原因・結果の関係の事例を、経験の中に見つけることはできるはずですよね。

でも、そうした事例を経験の中に見つけることは、カントに言わせると、原因と結果の関係という純粋知性概念の正当性を示すことではありません。それは、適用の事例を確認するだけであって、そもそもそうした適用が正当であることを示すものではありません。したがって、カントは、純粋知性概念については、経験的演繹は本来演繹ではなく、「超越論的演繹」（transzendentale Deduktion トランスツェンデンターレ・デドゥクツィオーン）が必要だと考えます。

†問題の再確認

ここで問題をもう一度確認しておきたいと思います。

感性の働きによって、対象が現象として私たちに与えられます。いろいろなものが見えたり聞こえたり感じられたりしているということです。それらは、私たちが知性によってそれらをどのように考えようとも、それとは関係なく与えられていると考えられます。知性にどのような基本的な考え方のパターン（純粋知性概念）が組み込まれていようと、そのパターンが与えられた対象に適用されなければならないかどうかに一切関係なく、感性は感性だけで、すでに私たちに対象を与えてくれています。このことをカントは次のように表現しています。

> もとより対象は、知性の機能に必然的に関係づけられなければならないということなく、われわれに現象することができる。（A八九／B一二二）

そうすると、私たちの知性にすでに組み込まれているそうした基本的思考パターンとしての純粋知性概念は、感性の働きによって与えられている対象に正当に適用できるのか（言い換えれば、そうした対象［これをしばしばカントは「客観」と言います］は知性が持っている思考パターンによって適正に扱われるか、再度言い換えると、その意味で純粋知性概念は「客観的妥当性」を持つかどうか）は、今のところ明らかではありません。

ですから、私たちの知性が持っている純粋知性概念が直観において与えられた対象に正当に適用できることを、事実そうなっているということを示すのではない仕方で示すことが必要だと、カントは考えるのです。

†「演繹」の自己評価と二つの面

さてこの「演繹」ですが、カントはそれをきわめて重要なものと見ています。まずそこのところを確認しておきましょう。『純粋理性批判』第一版の序言の言葉です。

われわれが知性と呼んでいる能力を解明し、同時に知性使用の規則と限界を定めるための研究としては、私が超越論的分析論の第二章で純粋知性概念の演繹という標題のもとに試みた研究以上に重要なものを私は知らない。また、それらの研究は私にとって最大

の努力を要したが、その努力の甲斐はあったと思う。（AＸⅥ）

カントがいかに「演繹」を重要視していたか、よくわかりますよね。そして、その続きの箇所です。彼は次のように言っています。

しかし、〔……〕この考察は、二つの面を持っている。一つは、純粋知性の対象に関わり、純粋知性のアプリオリな概念の客観的妥当性を証明するとともに、理解可能にするという面である。まさしくそのことから、その面はまた本質的に私の目的の一部をなす。もう一つの面は、純粋知性そのものを、その可能性と、純粋知性そのものの基盤をなすもろもろの認識能力とに関して考察し、したがって、純粋知性を主観的関係において考察しようとするものであるが、この究明は私の主たる目的にとって多大な重要性を持つものの、本質的にその主たる目的の一部をなすものではない。というのも、主要な問いは、あくまで、知性と理性はいかなる経験とも関わることなく何をどれほど認識することができるかであって、思考能力そのものがどのようにして働くことができるかということではないからである。（AＸⅥ～ＸⅦ）

ここでカントは、自分が行おうとしている演繹が、実際には二つの面を持っているが、そのうちの一つは『純粋理性批判』の主たる目的の一部をなすものの、もう一つの面はそうではないとしています。『純粋理性批判』の主たる目的というのは、「知性と理性はいかなる経験とも関わることなく何をどれほど認識することができるか」、つまり、（主として）アプリオリな総合判断はどのようにして得ることが可能なのかを明らかにすることです。そして、演繹の一つの面である「純粋知性のアプリオリな概念」すなわち「純粋知性概念（カテゴリー）」の「客観的妥当性を証明するとともに、理解可能にする」ことが、この主たる目的に役立つと彼は言っているのです。客観的妥当性というのは、純粋知性概念が直観に与えられる対象（ないし客観）に正当に適用できるということですから、それが『純粋理性批判』の主要目的に適うというのは、今まで見てきたことからすれば、当然ですよね。

で、問題はもう一つの面です。

カントが「演繹」で行うことのもう一つの面は、「純粋知性そのものを、その可能性と、純粋知性そのものの基盤をなすもろもろの認識能力とに関して考察し、したがって、純粋知性を主観的関係において考察しようとするもの」と説明されています。「純粋知性を主観的関係において考察」するということは、純粋知性の働きを明らかにすることであり、「思考能力そのものがどのようにして働くことができるか」を明らかにすることです。

こんなふうに、カントが「超越論的分析論」の中で進める「演繹」には、純粋知性概念がどうして直観ないし対象に正当に適用できるかを考察する面と、純粋知性の働きを解明しようとする面があります。そして、カント自身の言によれば、後者は「本質的にその主たる目的の一部をなすものではない」のです。

それなら、後者の究明は、もともとしなくてもよかったのでは？　と思われるかもしれませんね。でも、カントはどうしてもそれをしたかったのです。それは、私たちの心の中での認識能力の働きを周到に確認しようとするもので、彼の超越論的観念論の考え方を納得のいくように開示するにはどうしても必要であるとカントは考えていました。直観も概念も、私たちの認識能力が扱うもの、別の言い方をすれば意識対象ですよね。これに対して、それに向かいそれを扱う私たちの心の働きそのものを十分に究明しなければならないと、カントは考えているのです。

実は、このような心の働きに目を向ける思想傾向は、デカルトにもロックにもライプニッツにも認められることで、心の働きとその対象という基本的構図の中で考察を完成させるという、時代の思潮でもあったのです。

†客観的演繹と主観的演繹

先の「序言」からの引用箇所に続けて、カントはさらに次のように言っています。

> 後者（純粋知性そのものを、その可能性と、純粋知性そのものの基盤をなすもろもろの認識能力とに関して考察し、したがって、純粋知性を主観的関係において考察しようとすること）は、いわば与えられた結果に対してその原因を探し出すことであり、その限りにおいて、仮説に似たものをそれ自体において持っているので（別の機会に示すように、実はそうではないのだが）、あたかもこの場合には、私が自分には臆断することを許し、それゆえ読者にもまた別様に臆断することを許さなければならないかのように見える。これに関して、私は読者に、先に次のように注意を促しておかなければならない。すなわち、私の主観的演繹が私の期待に反して読者を完璧に納得させなかったとしても、ここでの主たる問題である客観的演繹のほうは完璧な強さを発揮するのであり、そのためには、いずれにせよ、九二ページから九三ページで述べることだけで十分でありうる、と。（AXVII）

このように、カントは、自身が進める「演繹」の二つの面を、今度は「客観的演繹」および「主観的演繹」と呼んでいます。そして、後者は読者を完璧に納得させないかもしれないけれども、「ここでの主たる問題である客観的演繹のほうは完璧な強さを発揮する」のであって、そのためには、『純粋理性批判』第一版の「九二ページから九三ページで述べることだけで十分でありうる」と言うのです。

†客観的演繹

実際のところ、カントの演繹は、「主観的演繹」つまり心の働きについての考察のほうに多くの紙数が割かれており、カントが「九二ページから九三ページで述べることだけで十分でありうる」としている「客観的演繹」は、それと比べればわずかです。当該箇所は、第二版でも書き直されてはおりません。カント自身の言からしても非常に重要な箇所ですので、ここで全文を引用してみます。

> 総合的表象とその対象が出会い、互いに必然的な仕方で関わり、いわば相互に一致することができるのは、二つの場合に限られる。対象のみが表象を可能にするか、それとも表象のみが対象を可能にするかのいずれかである。前者の場合には、この関係は経験的でしかなく、表象はけっしてアプリオリに可能ではない。そしてこれは、現象の場合に認められることで、現象において感覚に属するものに関してそうである。しかし、後者の場合には、表象自体そのものは（意志によるその原因性はここでの話題ではないから）その対象を現実存在に関して産み出すことがないので、それでもその表象によってのみなにかを一つの対象として認識することが可能である場合には、その表象はその対象をアプリオリに規定することになる。しかし、対象の認識を可能にする条件は二つある。一

つは直観で、それによって対象が、しかし現象としてのみではあるが、与えられる。もう一つは概念で、それによって、この直観に対応する対象が思考される。しかし、第一の条件すなわち対象の直観を唯一可能にする条件が、実際、形式という形においてアプリオリに心の中で客観の基盤をなしているということは、上述のことから明らかである。したがって、すべての現象は感性のこの形式的条件に必然的に合致する。というのも、すべての現象は、感性のこの形式的条件によってのみ現象するからであり、言い換えれば、経験的に直観され与えられるということが可能となるからである。ところで、問題は、なにかを直観するための条件ではないけれども、なにかをそもそも対象として思考するための必須の条件として、アプリオリな概念が先行しないかどうかである。というのも、アプリオリな概念を前提しなければ、なにものも経験の客観〔経験の対象〕とはなりえないので、そうした概念が先行する場合、対象のすべての経験的認識は、それらの概念に必然的に従うからである。ところでしかし、すべての経験は、なにかを与える感官の直観のほかに、直観において与えられ現象する対象の概念をも含んでいる。そのため、対象一般の諸概念は、アプリオリな条件として、すべての経験認識の基盤をなす。したがって、アプリオリな概念としてのカテゴリーの客観的妥当性は、それによってのみ経験が〔思考の形式に関して〕可能となるということに基づいている。というのも、その場合、カテゴリーは、経験の対象と必然的かつアプリオリに関わるからであるが、それは、カテゴリー一般を介してのみ、経験のなんらかの対象を思考することができるからである。(A九二~九三/B一二四~一二六)

長い引用で恐縮です。特に重要なのは後半部分です。カントは、「対象」の認識を可能にするのは、対象を与える直観と、対象を思考するための概念である、ということを確認した上で、「アプリオリな概念を前提しなければ、なにものも経験の客観〔言い換えれば経験の対象〕とはなりえない」と言い、「対象一般の諸概念は、アプリオリな条件として、すべての経験認識の基盤をなす」と断定します。アプリオリな概念が適用されなければ経験の対象にはならない。明らかに断定なんですけど、そうするとすでにカントによれば、一二のカテゴリー(純粋知性概念)がアプリオリな概念として私たちの知性に備わっていることになっていますから、まさにこれが直観において与えられたものに適用されなければ、直観において与えられたものは経験の対象となることができない、つまり、それらのカテゴリーは、直観に適用されるしかない、ということになります。

実はこれ、もっとわかりやすく言い換えると、感性によって与えられた対象について考えるには知性によるしかないけれども、知性が対象について考えるためには、知性がアプリオリに持っているカテゴリー(純粋知性概念)を用いるほかないので、これらの純粋知性概念が直観に適用されるのは当然のことである、という主張なのです。

†知覚判断と経験判断

ところで、ここでカントは、「経験の客観」とか「経験の対象」とか言っていますよね。カントが「経験」と言っているものは、私たちが「自然」と考えているものを認識するということです。ですから、「経験の客観」とか「経験の対象」とかいったものは、私にこう見えるとかこう感じられるとかいった、自分にどう感じられているかというものではなくて、カントに言わせれば、客観的に、つまり、誰でも一定の条件を満たせばそうだと判断できるような対象なのです。この花とかこの鉱物とかあの惑星とかあの銀河とか、そういうものについて、自分にどう見えどう感じられるかではなくて、それがどうなっているかという判断の対象のことです。

カントは、一七八三年の『プロレゴーメナ』の中（第一八節）で、自分にどう見えるか、どう感じられるかということについての判断を「知覚判断」（Wahrnehmungsurteil ヴァールネームングスウアタイル）と呼び、これを主観的な判断と見ます。これに「経験判断」（Erfahrungsurteil エアファールングスウアタイル）が対置されます。経験判断は、自分にどう見えているか、自分はどう感じているかではなくて、その対象がどうなっているかという判断です。カントが「経験の客観」とか「経験の対象」とか言っているのは、そうした経験判断においてなされるような仕方で捉えられた限りでの「対象」のことなのです。

一二のカテゴリーは、対象がいくつあるとかどのような性質を持っているとか、どれが実体でどのような偶有性を持っているとか、どれが原因でどれが結果として生じたとか、そういうふうに物事を捉える思考の基本パターンですよね。ですから、そういう基本パターンが働くことによって、私たちにどう見えているか、どう感じられているかではなく、対象そのものがどうなっているかが考えられるとカントは考えています。

ですから、カントは先ほどの（第一版では九二ページから九三ページにあたる）箇所で、そういうアプリオリな概念がなければ直観に与えられたものはなにものも「経験の対象」にはならないので、そういう認識が求められる限り、アプリオリな概念が直観に正当に適用されると考えるしかないではないかと言っているのです。

†ちょっとひと息

ここでちょっとひと息入れますよね。

ここまで話が進むと、カントが何をしようとしているのか、まとめておいたほうがよさそうなので。先に進む前に、何がどうなっているかをここで確認しておきたいと思います。

私たちがこの世界だと思っているもの、これは、カントがどう考えようとどう言おうと、相変わらず私たちに見えたり聞こえたりしているがままです。カントの本を読んだらとたんに見えるものが違ってきたというわけではありませんからね。だけど、カントによれば、というより、カントがその変形バージョンで話を進めている西洋近代の科学史の大枠となっている考え方からしますと、原子論の復活とともに、この世界は、いわば世界そのものじゃなくて、というのも、科学の進展によって仮説的に別のタイプの世界が考えられるようになりましたからね。ですから、この世界は、その別のタイプの世界を構成する「物そのもの」——カントの場合は何だかわからない「物自体」——から触発されて、私たちが心の中で知覚している世界になっちゃったんですよね。

でも、だからといって、それで見え方が変わったりはしないわけです。変わったのは、人々の考え方のほうです。

となると、もともと私たちの慣れ親しんだ外的世界だったものが、心の中の表象からなる世界として捉え直されたとしても、相変わらず以前と同じような仕方で私たちに現れているのですから、それでカントは何がしたいのか？　ということになりますよね。

ええ、そうなんです。カントがしたいのは、そのようにしてこれまでの世界をすべて心の中に取り込んだあと、「物自体」をどう探究するか、ではありません（これは、実は、当時も今も、一般に最先端の科学者が本来求めてきたことだったのですが……）。そうではなくて、私たちが慣れ親しんできたこの世界（心の中のものになっちゃいましたけどね）について、それがどのようにして私たちの知識（カントの場合は「認識」）の対象となるのか——言い換えれば、そのような表象としての世界についての知識（認識）を私たちはどのようにして得ることができるのか――を明らかにすることなのです。加えて、アプリオリな総合判断、これにカントはご執心（ぞっこん）なんですよね（そしてこのご執心にある仕方で油を注いだのがヒュームです）。これがどのようにして得られるかを、カントはなんとしても明らかにしなければならなかったのです。（カントが「物自体」の探究から撤退していることについては第8章で触れることにして、ここではもっぱらカントの方針に沿って話を続けることにします。）

カントのやり方は、こうです。まず、空間と時間を心の中に取り込みました。それから、一二個の基本的思考パターンが私たちの知性にあるとしました。これだけのお膳立てで彼が目指すのは、あくまでアプリオリな総合判断の可能性を明らかにすることでした。そして、それを周到に進めるのに必要なのが、その一二個の基本的思考パターンが空間・時間の中に現れるものに「正当に」適用できるという保証でした。ヒュームが言うように、両者はぴったり合うものじゃない。だったらどうしてそれらの思考パターンを空間・時間の中に現れるものに適用することが妥当だと言えるのか。これがカントにとっては、大きな問題だったのです。

でも、「客観的演繹」のほうは、なんともあっさりとしたものでした。次は、心の働きへの視線にぐんとウェイトをかける、「主観的演繹」です。

†多様なもの

カントの「主観的演繹」を見るには、「多様なもの」とその「結合」に関する彼の考え方を、まずは押さえておく必要があります。というより、「多様なもの」とその「結合」は、カントの「認識」観の大枠を形作るものなのです。カントは「多様なもの」(das Mannigfaltige ダス・マニヒファルティゲ)について立ち入った説明をすることはありませんけれども、これが彼の思考の重要な要素の一つとなっています。

まず、感覚の話からいきますね。感性つまり感覚能力は、物自体から触発されて(刺激を受けて)、私たちに感性的表象を与えます。つまり、さまざまな感覚を与えるということです。このような仕方で、(私たちの思考能力としての)知性が取り扱うべき対象が、私たちに与えられます。

その感覚、実にさまざまですよね。こんな色が見えたりあんな色が見えたり。こんな形が知覚されたりあんな形が知覚されたり。多様です。ですから、その多様なあり方をした感覚を、まずは「多様なもの」と呼びます。(実はカントはある理由から色や味などを「感覚」と言い、形は「直観」と言うのですが、伝統的語法に鑑み、ここではいずれも「感覚」ということにしておきます。)

この感覚の多様性——言い換えれば感性的直観の多様性——は、さまざまなものが空間的に多様に広がっているというだけでなく、時間が経過するにつれて変化してもいきますよね。今、顔を別の方向に向けていくだけで空間的な多様なものがその様子を変えていきますが、それはまた時間の経過の中で変わっていくということでもあります。顔を別の方向に向けるということは、時間の経過の中でしか行えないことです。そう考えていただくと、感覚もしくは感性的直観は、空間的に多様であるだけでなく、時間の各瞬間を区別する限り、時間的にも多様であることがおわかりいただけると思います。

感覚としての「多様なもの」がどういうものなのかをまずこうして実感していただけると、次はアプリオリな「多様なもの」です。

感覚としての「多様なもの」は、まさしく感覚ですから、アプリオリじゃなくて、アポステリオリなものですよね。ところがカントは、直観について、「アプリオリな多様性」ということを言うのです。

私たちの感性的直観は、その基本的な枠組みとして、空間と時間というものを持っているとカントは考えていましたよね。どちらもアプリオリに感性に備わっているもので、これをカントはアプリオリな純粋直観と呼んでいました。私たちが実際に感覚機能を働かせて具体的な感覚を得ることがなくても、感性に備わっているはずのもの、というわけです。

こうした、具体的な感覚抜きの空間と時間についても、カントはそれらに多様性を認めるのです。どういうことかと言うと、カントは、心の中で想像力によって図を描いたりすることは、感覚に依存していない以上、アプリオリな純粋直観を産み出していることになると考えるのです。これについては、第7章で「構成」との関係において少し立ち入った説明をしますが、ともかく、この想像力の働きによって心の中に図を描きますと、それはああなってこうなってといったふうに、これまた多様です。しかも、空間的に多様なだけでなく、先ほどと同じように、時間的にも多様です。というのも、心の中で、例えば三角形を描いてみてください。その描くということ自体が、空間の中で行われているだけでなく、時間の経過の中で行われていますよね。ですから、先ほどの感覚の場合と同じように、ここでも、空間的・時間的に多様なものが得られていると見られるのです。

ただし、今言いましたように、カントの場合、心の中に想像力によって描かれたものは、経験的直観ではなく、純粋直観とみなされます。直観の純粋形式としての空間の中に、現実の感覚に依存することなく想像力によって描かれるものだからです。

†カントが自明視しているもの

カントは、この多様なものについて、あることを自明視しています。それは、多様なものは、多様であるだけでなく、それ自体としては複数の異なるものが相互の関わりなくばらばらに与えられているだけ、という想定です。

空間内にさまざまなものが現れるだけでなく、時間経過の中での各瞬間もそれぞれに別々のものと、カントは考えています。この件について、カントは例えば『純粋理性批判』第一版で、次のように述べています。

いずれの現象も多様なものを含んでおり、したがってさまざまな知覚は心の中でそれ自体では個々ばらばらに見出されるので、それらの知覚を結合する必要があるが、それらの知覚はこの結合を感官そのものにおいて持つことはできない。（A一二〇）

第二版でも同様のことを述べています。

もろもろの表象の多様なものは直観において与えられうるが、直観は単に感性的であり、言い換えれば感受性以外のなにものでもなく、この直観の形式はアプリオリにわれわれの表象能力の中にあることができるが、主観が触発される仕方以外のものではない。しかし、多様なもの一般の結合は、感官によってわれわれの中に来ることはけっしてなく、したがってまた感性的直観の純粋形式の中に同時に一緒に含まれていることはありえない。（B一二九～一三〇）

結合が感官によって行われることはないということは、多様なものは多様なままばらばらに与えられるということを意味しています。

そうすると、カントにとっての重要な問題は、多様なものの「結合」がどのようにして行われるか、です。というのも、認識というのは、こうしたばらばらの多様なものを多重的に結合し、最終的に概念どうしを——例えば「かくかくはしかじかである」という判断において——結合することによって成立するものだとカントは考えているからです。彼は次のように言っています。

個々の表象の各々が他の表象とまったく無縁でいわば孤立しており、他の表象から切り離されているとすれば、比較され結合された表象の全体である認識といったものは、けっして生じないであろう。(A九七)

ばらばらの多様なものと、それを結合する心の働き。これによって、私たちが経験している花や猫や山や星々といった「経験の対象」が成立し、さらにそれら経験の対象が、例えば「物体」とか「動物」とか「分割可能なもの」とかいった概念にまとめられ、こうした概念を結合することによって経験の対象に関する認識(経験的認識、例えば「すべての物体は分割可能である」のような)が成立するとカントは考えます。そして、そうした経験的認識の形成において アプリオリに働いているものだけから、今度は「アプリオリな総合判断」が成立するとカントは考えるのです。

「主観的演繹」の前提となっていることについての予備的説明は、以上です。章を改めて、主観的演繹がどのように進められるかを、見ることにしましょう。

第6章　主観的演繹と図式論

†結合（総合）

『純粋理性批判』の主観的演繹の主要部分は、第二版で全面的に書き直されています。第一版での議論においては、「三重の総合」（dreifache Synthesis ドライファッヘ・ジュンテジス）という大変おもしろい議論が出てくるのですが、本書では、第二版での議論を見ていくことにします。第一版での議論は、カントの当初の見解を見るのに好都合ではあるのですが、カント自身、いかなる意味にもせよ、その議論に不満があって全面的に書き直しを行ったのですから、カントにとってのお勧めのほうを、ここでは取り上げることにします。

先に確認しましたように、直観において、もろもろの表象からなる多様なものが与えられます。そして、この直観には空間と時間というアプリオリな形式があるわけですが、そのアプリオリな形式というのは、主観（心）が物自体から触発されるときの触発のされ方でしたよね。つまり、主観（ないし心ないし感官）が物自体によって触発されると、その結果、感性が働いて、表象からなる多様なものが空間・時間中に現れるというわけでした。ここまではいいですよね。

ここでカントは、先ほど確認した、一つの前提を導入します。多様なものは、私たちに与えられるときには、その要素となる一つ一つの表象がばらばらで、そこには「結合」がないという前提です。そして、それらを「知性」が結合すると言うのです。つまり、ばらばらの表象を「感性」が与え、それを「知性」が「結合」するのです。カントはこれについて次のように述べています。

> あらゆる結合は、われわれがそれを意識しようとしまいと、直観の多様なものの結合であろうとさまざまな概念の結合であろうと、前者の場合、感性的直観の多様なものの結合であろうと非感性的直観の多様なものの結合であろうと、われわれが一般的意味で総合と呼ぶ、知性の働きである。（B一三〇）

このように、知性が「結合」するのは、まずは直観の多様なものなのですが、さまざまな概念を結合するのも知性の役割です。そして、カントはこうした知性の「結合」の働きを、「総合」（Synthesis ジュンテジス）と呼びます。結合のない表象に結合を与えるのは知性の「総合」の働きであって、これによってさまざまなものが私たちに結合されたものとして現れるとカントは考えるのです。

カントは、この「結合」を、三つの要素からなるものとしています。「多様なもの」と、「総合」と、「一つであること」の三つです。「一つであること」というのは、はじめて出てきましたよね。ドイツ語では 'Einheit'（アインハイト）。まさしく「一つであること」なのですが、しばしば「統一」と訳されています。しかし、「統一」という訳は、「統一する働き」のようにとられかねません。その意味でとられますと、「総合」や「結合」とどう違うのかということになりますよね。ですから、以下では、「統一」という言い方が避けられない場合には「一つであること」、あるいは「一つ」、あるいは「一つになること」という意味で使われているとご理解ください。例えばカントは今挙げた結合の「三つの要素」について、「結合とは多様なものの総合的統一のことである」（B一三〇～一三一）と言うのですが、これは、「結合」とは「多様なもの」を「総合」によって「一つ」にすることであるということを意味しています。多様なものを、総合によって一つにすること。カントが考えている「結合」がそのようなものであるとすれば、カントの趣旨は十分におわかりいただけると思います。

†統覚の根源的統一

カントは右のように「結合」を説明した上で、次のように言います。

私は考える、は、すべての私の表象に伴うことができなければならない。（B一三一）

直観にせよ、概念にせよ、それらはすべて、私が意識することのできるものですよね。カントは、この、私が意識するということを、あの一七世紀前半に活躍したデカルトの言い方に倣って、「私は考える」と表現します。私は私に現れる「表象」について、「私がそれを考えている」と常に思っているわけではありません。表象のほうに注意が向いていて、「私がそれを考えている」と思っていない場合もありますよね。でも、その表象が私にとっての表象だったら、いつでもその気になれば、「私が」それを「考えている」と考えられるのでなければなりません。そうでなければ、私は私が考えていないものを考えている、言い換えれば、私が意識していないものを意識しているという、とんでもないことになります。カントは右の言葉によって、そういうことを言おうとしています。

実は、これ、カントの「超越論的観念論」の核をなす考え方なのです。カントは、すべてをこの自分の意識内の出来事として捉えることをもって、最も基本的なことと見ているのです。いかにも観念論でしょ?

カントは、この「私は考える」を、「知性」、言い換えれば、私たちの心が持っている「自発性」(Spontaneität シュポンタネイテート〔ドイツ語の"ei"は通常「アイ」と発音しますが、この場合は「エイ」です〕)の働きと見ます。彼はこの「私は考える」という意識の働きを、「純粋統覚」(reine Apperzeption ライネ・アパッェプツィオーン)もしくは「根源的統覚」(ursprüngliche Apperzeption ウーアシュプリュングリッヒエ・アパッェプツィオーン)と呼んでいます。え? 統覚? そう。統覚です。それに「純粋」とか「根源的」とかいった形容詞がついて、「純粋統覚」もしくは「根源的統覚」です。

私としては、「統覚」のような、日常使うことのない訳語はできるだけ避けたいのですが、ともかくがんばって意味を説明しますので、お許しください。

右に見ていただいたように、「統覚」のもとの言葉は'Apperzeption'（アパッェプツィオーン）です。この言葉のルーツは、「知覚する」を意味するフランス語の動詞'percevoir'（ペルスヴワール）に'a'（ア）の付いた古いフランス語の動詞'apercevoir'（アペルスヴワール）で、デカルトが『情念論』（*Les passions de l'âme* [1649]）の第一九節等で使用しました。この「注意を向けて知覚する」、「気づく」といったほどの意味合いを持ちます。この'apercevoir'（アペルスヴワール）がライプニッツによって使用され、ライプニッツの強い影響下に哲学活動を進めたヴォルフがその名詞形をラテン語化して'apperceptio'（アッペルケプティオー）としました（彼はこれを、『経験的心理学』[*Psychologia empirica*（1732）]の中で使用しています）。カントの'Apperzeption'（アパッェプツィオーン）は、これをカントが独自の思考の枠の中で継承したものです。

カントは「純粋統覚」ないし「根源的統覚」を、「すべての私の表象に伴うことができなければならない」常に「同じ一つ」の「自己意識」であると考えています。

そう、その「自己意識」です。あなたにとって、あなたの意識の対象にならないものは、まさしく意識されませんよね。無意識も、なんらかの仕方で意識されることによって「なるほどそういうことがあったのか」とあなたにわかるわけですよね。とすると、あなたの意識というものは、あなたにとって、なにか根源的なもののようですよね。カントは、こうした意識を「根源的統覚」と呼んでおり、また、それは経験的に獲得されたものではないと考えますから、「純粋統覚」と呼んでいるのです。

この純粋統覚は、あなたにとって、同じ一つのものです。あなたはあなただからです。カントはこのこと、つまり統覚の「同一性」を、繰り返し強調します。

この純粋統覚について、カントはおもしろいロジックを展開します。

多様なものは個々ばらばらに与えられるとカントは考えますよね。だから、「結合」とか「総合」とかいった知性の「自発性」、つまり能動的な働きが、私たちの精神的営みにとって重要な役割を演じることになります。つまり、ばらばらなものをつなぎ合わせる。これによって、表象がまとまり、認識が成立するとカントは考えるのです。ばらばらな「多様なもの」と、それを総合する一つの知性。この組み合わせで認識が捉えられるのです。

ところで、ばらばらだとされる一つ一つの表象。その一つに注意を向けると、「私が考えている」、言い換えれば「私が意識している」という、一つの意識が成立します。別の表象に注意を向けると、そこでも一つの意識が成立します。カントによれば、当の表象がばらばらですから、それら一つ一つの意識もばらばらで、それだけではまだ同じ一つの私の意識とは言えません。その都度の意識があるだけです。ところが、それらのばらばらな表象が、結合され（総合され）一つになるとどうでしょう。ばらばらな表象が総合され一つになるわけですから、それについての意識も一つになりますよね。

あ、おわかりいただけました？

当の表象が総合され一つになることによって、個々の私の意識が、一つの意識となる、つまり、多様なものの総合は、意識が一つになるということでもあるのです。つまり、意識が、個々ばらばらの意識ではなくて、同じ一つの私の意識になるということなのです。

今、意識という言葉を使いましたが、これは言い換えれば「自己意識」、つまり「統覚」です。ですから、多様なものの総合とともに成立する意識の同一性は、統覚の同一性です。しかも、この意識は、経験的に獲得されるものではなく、アプリオリにあるものとカントは考えていますから、純粋統覚ですよね。したがって、ここに言う同一性は、「純粋統覚の同一性」にほかなりません。

このように、純粋統覚の同一性と、多様な表象の総合は、表裏一体の関係にあるのです。ということは、あなたがご自身の心の能動的な働きによって、ばらばらの表象をとりまとめ一つにするということは——言い換えればあなたが思考し判断するということは——あなたがご自身であるために必要なことなのです、ね。

ともあれ、「統覚」という言葉とその使い方に、慣れていただいたでしょうか。難しいときは、それを「自己意識」と言い換えてみてください。いずれにしても、カントの考え方が、いかにも意識一元論的、観念論的であることを、感じ取っていただけると思います。でもそれは同時に、とても奇妙で受け入れられないといったことでも必ずしもなさそうですよね。少なくとも、自己意識に関する限り。自己意識（統覚）が一つにまとまっているためには（言い換えれば、自己意識が自身の統一を維持するためには、さらに言い換えれば、自分が自分であるためには）、自己意識（統覚）に現れるものが、ばらばらではなく、なんらかの仕方で結合（総合）されなければならない。そういうロジックで、カントは事態を捉えようとするのです。

†認識

カントは、以上の準備ののちに、「認識」について語ります。カントによれば、認識とは、「与えられたもろもろの表象が、一つの客観に対して一定の関係に立つこと」（B一三七）です。

ここに出てくる「客観」という言葉について、少し説明しておきましょう。「客観」のドイツ語の原語は 'Objekt'（オプイェクト）です。英語の 'object'（オブジェクト）にあたる言葉で、いずれもラテン語の 'objectum'（オブイェクトゥム）に由来します。この言葉、カントがときおり言及するロックの場合には（彼の場合には英語の 'object'「オブジェクト」です）、「対象」を意味する典型的な言葉として使用されるのですが、カントはそれに対応するラテン語系の「オブイェクト」と、ゲルマン語系の 'Gegenstand'（ゲーゲンシュタント）を、どちらも「対象」を意味する言葉として使用します。そのため、我が国では、「オブイェクト」を「客観」、「ゲーゲンシュタント」を「対象」と訳し分ける場合が多く、本書でもその訳し分けに従っています。が、どちらも基本的に同じことを意味しているとご理解ください。というのも、ラテン語の 'objectum'（オブイェクトゥム）の場合、'ob'（オブ）は「……に対して」、'jectum' は「投げかけられているもの」、ですから、'objectum'（オブイェクトゥム）は全体として「対して投げかけられているもの」を意味します。何に対して投げかけられているかというと、それを意識する心に対してです。つまり、この言葉は、心に現れ意識されているものを意味するのです。これに対して、'Gegenstand'（ゲーゲンシュタント）の場合、'gegen'（ゲーゲン）は「……に対して」、'stand'（シュタント）は「立っているもの」、「あるもの」を意味します。ですから、'Gegenstand'（ゲーゲンシュタント）は「対してあるもの」を意味します。何に対してあるのかというと、それを意識する心に対してです。このように、オブイェクトゥムもゲーゲンシュタントも、ほぼ同じことを意味する言葉なのです。

さてそこで、「認識」に戻ります。それをカントは「与えられたもろもろの表象が、一つの客観に対して一定の関係に立つこと」としていました。例えば、金という客観（対象）を調べてみるとしましょう。すると、ある色、ある重さ、延性、展性、王水に溶ける等々の性質が現れます。つまり、直観において色が与えられたり重さが与えられたりするわけです。これらの「与えられたもろもろの表象」（ある特徴のある色やある重さ、延性、展性など）は、ばらばらなまま放置されるわけではありません。「一つの客観」つまり一つの対象（ここでは金）「に対して一定の関係に立つ」という仕方で、「総合」が図られます。それはつまり、金という概念に、ある色やある重さや延性や展性等々の表象を帰属させるということです。その結果、「金はある特徴のある色を持つ」とか「金は展性を持つ」とか「金は王水に溶ける」とかいった認識が成立します。金の表象と、さまざまな性質の表象を、心の中で（統覚［自己意識］の中で）「結合（総合）」しているわけですね。それが成り立つためには、金の表象も、それと結合されるさまざまな性質の表象も、自己意識つまり統覚に属するものでなければなりません。先ほど言いましたように、この「総合」が成り立つためには、私たちの自己意識（統覚）は一つでなければならず、反対に「総合」によって統覚は同じ一つのものであるのです。

同じ一つの自己意識（根源的統覚）へのカントのこだわり、これがカントの見解の特徴の一つです。要は、多様な表象を私という一つの自己意識の中で結びつけ一つにすることが、認識が成立するための必須の条件だということなのです。

†判断と純粋知性概念

こうして、私の自己意識としての統覚が根源的に一つであり、この同一の統覚の中で、与えられた多様な表象が客観（対象）の概念へと結合され、これによって、「客観」つまり「対象」がどうあるかが規定されます。この場合、さまざまな表象が根源的統覚において結合されるのですが、複数の表象がただ集められ一つになっているというのではなくて、統覚がそう結合しなければならないような仕方で結合されていなければならないとカントは考えます。単に、任意に寄せ集めるのではないのです。対象がどうあるかを捉えるような仕方で結合されるということで、そうでなければ「認識」にはならないと、カントは考えるのです。

しかし、直観であれ概念であれ、多様なものを結合させる知性が、どのようにして右に言うような仕方でその「多様なもの」を「結合」させるのでしょうか。それは、カントによれば、判断の基本形式、つまり、純粋知性概念（カテゴリー）に従ってです。カントの考えはこうです。純粋知性概念というのは、私たちの知性が思考するにあたって従わなければならない基本パターンですよね。しかもそれは、「知性がアプリオリに自らのうちに含む、根源的に純粋な総合の概念」（A八〇／B一〇六）です。ですから、直観において与えられた多様なものは、必然的に純粋知性概念に従って結合（総合）されることになる、というのです。

というわけで、やっと純粋知性概念（カテゴリー）の話にたどり着きました。

カントの演繹についてはまだまだ語るべきことがあるのですが、ともあれ、以上が、第二版での「主観的演繹」の、最も基本的な筋道です。

†もう一度、ちょっとひと息

ここでもう一度、ちょっとひと息です。先に見ましたように、カントは感性によって私たちに与えられる表象がもともと個々ばらばらであることを当然視していましたよね。そして、知性はこれを純粋知性概念を用いながら結合（総合）して、客観的な認識を得るというのです。総合は、知性のすることで、しかも、知性がアプリオリに持っている純粋知性概念を用いてすることとです。ということは、そうした「総合」そのものは、感性の与える表象（直観）に、知性自身が「持ち込む」（「置き入れる」）ものです。知性が持ち込むものですから、知性がそれを捉えるとき、知性は自分がもともと用意したものを確認するだけなのです。

この考え方は、それ自身で定まったものが知性とは別にあって、知性はそこから学ぶというのとは違います。知性が学ぶ場合には、当のものをちゃんと捉えているのか、今はそうなっていても、今後ずっとそうである保証はあるのかといった心配が残ります。カントはこの心配を、もっぱら「経験は偶然的でしかなく、必然的なものを与えてくれない」という言い方で表明します。知性が直観に持ち込んだものを知性が捉えるというカントの構図では、知性が「置き入れた」ものについては、このような心配はありません。それは、知性自身の仕組んだことなのですから。

カントの論の進め方は、一貫してこのようなものになっています。もし感性の与える表象がそれ自身で結合しているのであれば、そして、知性が認識を得るということがこの結合した表象のあり方を捉えることにあるのだとすれば、すべての認識は偶然であるほかありません。けれども、もともとばらばらなものを知性が自らの道具立てでまとめ、これによって認識が成立するのだとすれば、知性は、ある場合には、すなわち感性と知性がもともと持っているものだけから得られる認識の場合には、安んじてその認識の必然性・普遍性を主張することができそうです。カントの「コペルニクス的転回」の真意は、ここにあります。

†図式論

ところで、「演繹」をめぐる一連の話を終える前に、もう一つだけ、確認しておきたい重要なことがあります。

このような手法でカントはカテゴリー（純粋知性概念）を直観に適用することの正当性

を示せたと考えるのですが、これで次に進んでいいとは考えていませんでした。その件についてまだもう一つ、課題が残っているとカントは考えていました。それは、ヒュームとの関係でそもそもそうだったのですが、純粋知性概念は経験的概念とは違って、それに対応する直観が見あたらないようなものでした。ですから、それが直観に正当に適用できることが示されたとしても、それだけではまだ不十分で、どんなふうにしてそれが直観に適用されるのか、そのことをちゃんと示さなければと、カントは考えたのでした。

ここで登場するのが、「図式」論です。

†『純粋理性批判』の構造

図式論を見るにあたり、話の筋道を確認するため、ここで『純粋理性批判』の構造を見ておきましょう。

『純粋理性批判』は、大きく二つに分かれます。「超越論的原理論」と「超越論的方法論」です。まず原理を明らかにし、その上で、それをどのように用いるかを論じるのです。

さてその「超越論的原理論」は、「超越論的感性論」と「超越論的論理学」に分かれます。私たちの感覚能力について論じる部分と、私たちの思考能力について論じる部分です。

「超越論的論理学」はさらに、「超越論的分析論」と「超越論的弁証論」に分かれます。「超越論的分析論」では、私たちの思考能力が持つ妥当な認識を得るための仕掛けが論じられ、「超越論的弁証論」では、私たちが自身の思考能力の使い方を誤って、さまざまな問題を生じてしまうことが、論じられます。

本書で扱っているのは、主として「超越論的感性論」と「超越論的分析論」の議論です。これによって、カントの「超越論的観念論」の基本がわかります。

「超越論的分析論」もまた、大きく二つの部分に分かれていて、一つ目が「概念の分析論」、二つ目は「原則の分析論」です。カテゴリー（純粋知性概念）がどのようにして導き出され、それがどれだけあるのか（純粋知性概念の導出）、またそれらはどうして直観に正当に適用できるのか（純粋知性概念の演繹）は、「概念の分析論」で論じられます。

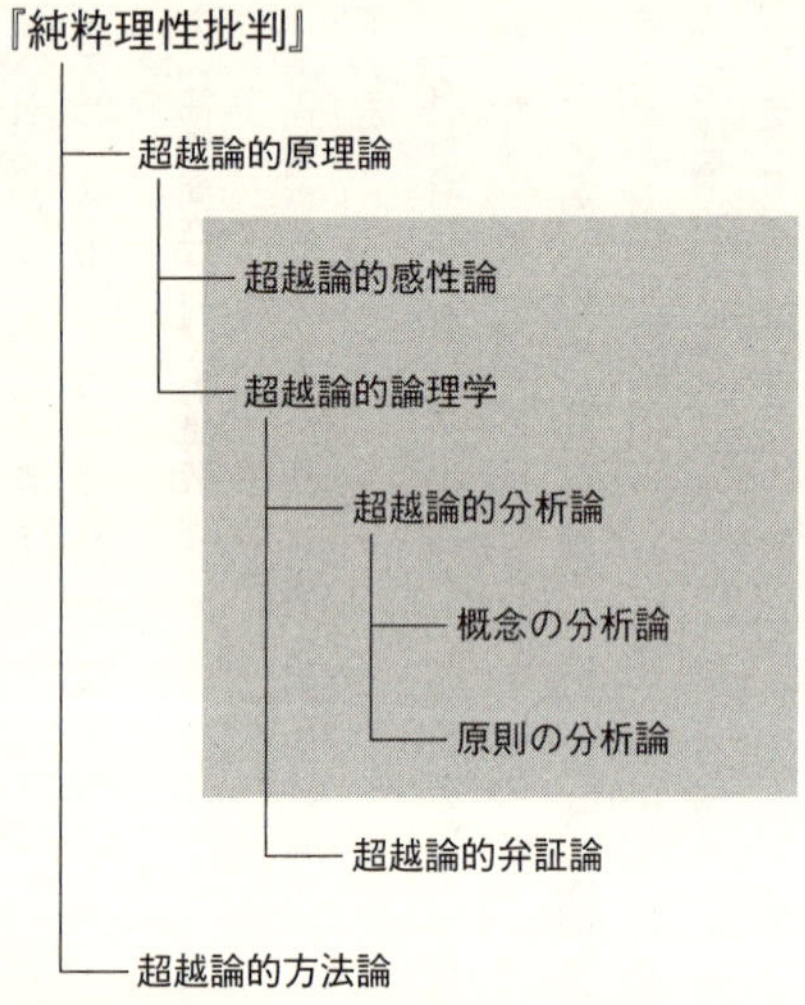

【図45】『純粋理性批判』の構造

そして、右に述べました「純粋知性概念がどんなふうにして直観に適用されるのか」についての話は、「概念の分析論」に続く「原則の分析論」の、第一章に出てきます。

今言いましたように、超越論的分析論の二つの部分のうち、一つ目の「概念の分析論」では、純粋知性概念が導出されました。カントはこの「概念の分析論」の役割を、「われわれがアプリオリな諸概念をその出生地である知性のうちにのみ捜し求め、知性の純粋な使用一般を分析することによって、アプリオリな諸概念の可能性を探究する」(A六五〜六六/B九〇)としています。先ほどまでの私の説明は、この「概念の分析論」に関するものでした。

これに対して、超越論的分析論の二つ目の部分、「原則の分析論」では、まず、このアプリオリな諸概念、つまり純粋知性概念が、どのようにして直観に適用されるかが論じられます(第一章「純粋知性概念の図式機能について」)。そして、そのことから、どのようなアプリオリな総合判断が――他のアプリオリな認識の基礎をなすものとして――導出されるかが説かれる(第二章「純粋知性のすべての原則の体系」)というふうに、話は進みます。(実は、そうなんです。先にアプリオリな総合判断の実例として、カントは純粋数学と純粋自然科学に属するものを挙げていると言いましたが、「原則の分析論」で論じられる多くの原則が、実はアプリオリな総合判断の実例なのです。)

†超越論的図式

さて、それではその「図式」論の内容ですが、以下ではまず、カントの論述に従って、その概要を説明します。その上で、わたくし流のやり方で、もう一度別の角度から説明し直してみます。

これまで、概念を直観に「適用する」とか対象に「適用する」とかいった言い方をしてきましたが、伝統的な論理学の用語では、直観（や対象）を概念のもとに「包摂する」（subsumieren ズプズミーレン）と言います。例えば、あるものに「猫」という概念を適用するということは、そのものを「猫」という概念のもとに包摂するということです。当面の問題は、経験から得られたのではない純粋知性概念のもとに、どのようにして直観（や対象）が包摂されるかです。カントはこのことを、次のように表現しています。

> 純粋知性概念は経験的〔……〕直観と比較すると〔それとは〕まったく種類が異なり、なんらかの直観の内にそれを見出すことはけっしてありえない。それなら、経験的直観を純粋知性概念のもとへ包摂すること、したがってカテゴリーを現象に適用することは、いかにして可能となるのか。というのも、「カテゴリー、例えば原因性は、感覚機能によって直観することができ、現象の内に含まれている」とは誰も言わないだろうからで

ある。（A一三七／B一七六）

明らかにこれは、先に確認したヒュームの見解を意識してのものです。

さて、そこでカントは、純粋知性概念と直観とをつなぐ「第三のもの」が必要だと考えます。

この「第三のもの」には、いくつか条件がつきます。一つは、純粋知性概念をどのようにして直観に適用するかの問題ですから、この「第三のもの」も「純粋」つまり「経験的なものをまったく含まない」ものでなければなりません。

もう一つの条件は、感性と知性の両方に関わってそれらをつなぐものですから、「知性的」であるとともに「感性的」でなければなりません。

カントによれば、この「第三のもの」の役割を担うのは、「超越論的時間規定」と言われるものです。それは、時間に関するあるアプリオリな規定です。その具体的な内容はあとで見ることにして、純粋知性概念（カテゴリー）は、純粋であるとともに、概念ですから普遍的ですよね。つまり、さまざまなものに適用可能です。「超越論的時間規定」もまた、アプリオリな規定として考えられていますから、純粋でありかつ普遍的です。この点で、超越論的時間規定は、カテゴリーと同じ特徴を持つことになります（つまり「同種的」です）。

他方、時間は「直観」ないし「現象」の基本的枠組み、純粋形式でしたよね。超越論的時間規定は、そうした時間に関する規定ですから、時間をその形式とする「現象」とも「同種的」です。こうして、超越論的時間規定が媒介となって、純粋知性概念のもとに直観（現象）が「包摂」される、つまり純粋知性概念が直観（現象）に適用されると、カントは考えます。

この超越論的時間規定を、カントは「超越論的図式」（transzendentales Schema トランスツェンデンターレス・シェーマ）と呼んでいます。

†図式と像

超越論的時間規定すなわち超越論的図式の具体的なあり方を見る前に、カントの図式論に関してよく話題になる「図式」と「像」の違いについて、お話ししておきたいと思います。

あらゆる事象が、時間の中に現れますよね。なにかを見たり聞いたりするとき、見えているものも聞こえているものも、すべて時間の中に現れます。すべてが時間の中に現れるという点では同じなのですが、あるものはその時間の経過の中でずっとあり続け、別のものは、他のもののあとにそれに引き続いて現れたり、またさらに別のものは、他のあるものと同時に現れたり、同じ時間の中に現れると言っても、その現れ方はいろいろです。ずっとあり続ける、他のものに続いて現れる、他のものとともに現れる。言い換えれば、持続、継起、同時存在、といった具合です。

純粋知性概念、カントがよく引き合いに出すのはその三つ目の組である「関係のカテゴリー」なんですけど、「これが実体でこれが偶有性だ」とか、「これが原因でこれが結果だ」とか、「これとこれとは相互作用している」とか、そんなふうに事象を見る見方ですよね。こうした純粋知性概念が適用できるのは、「直観（現象）が時間の中でこんなふうなあり方を示しているときである」といった具合に、純粋知性概念の適用の条件を時間に関するものとして指定するのが、純粋知性概念の場合の図式（つまり、超越論的図式）です。「図式はそれ自体そのものとしては常に想像力の産物にすぎない」（A一四〇／B一七九）とカントは言います。ということは、「想像力の産物」ですから、想像力によって心の中に作られるなんらかの「像」（Bild ビルト、心像）のことかなと思うと、そうじゃないんです。カントは「図式は像とは区別されなければならない」（A一四〇／B一七九）と言い、「純粋知性概念の図式はまったく像にすることのできないなにかである」（A一四二／B一八一）と言います。

「図式」というのは、ことさら、純粋知性概念に限って言われるものではありません。そこで、まずは、経験的概念の場合を考えてみましょう。例えば「犬」という概念の場合。それはかくかくしかじかこれこれこういう特徴を持つ四本足の動物のことだから、かくかくしかじかこれこれこういう特徴を持つ四本足の動物に対してその概念は適用できる、と言えますよね。そのかくかくしかじかこういうものに適用できるという条件が、「図式」です。図式はそれ自体は像ではなくて、あくまで条件であり規定です。そして、その条件に合う像を、私たちは想像力でもって心の中で描くことができます。

ところが、例えば「原因」という概念の場合には、ヒュームの指摘にもあったように、私たちは原因とみなされるなんらかの物や事象の「像」を心の中で描くことはできても、「原因」というものそのものの「像」は描きようがありません。その意味で、「純粋知性概念の図式はまったく像にすることのできないなにかである」、ということになるのです。像にすることができないということは、なんらかの直観としてそれに直接対応するものを見出すことはできないということです。先の引用箇所にあった「純粋知性概念は経験的〔……〕直観と比較すると〔それとは〕まったく種類が異なり、なんらかの直観の内にそれを見出すことはけっしてありえない」というカントの言葉は、このことを意味しています。

それでは、純粋知性概念の「図式」とはどういうものでしょうか。カントによれば、それは、時間の中でどういうことがある場合に当該純粋知性概念を適用できるかを規定するものにほかなりません。（カントは図式を「想像力の産物」としていましたが、心の中で「像」を産出するだけじゃなくて、概念の適用条件を規定することも想像力の役割と見るところに、カントの考え方の特徴の一つがあります。）

†図式の具体例

純粋知性概念の図式のいくつかの例を見てみましょう。本書の話題の一つである純粋自然科学の可能性との関係から、ここでは、「実在性」、「実体」、「原因」、「相互性（相互的原因性）」を取り上げてみます。

「質のカテゴリー」の一つ目、「実在性」の図式は、時間の中になんらかの感覚が現れることです。時間の中になんらかの感覚が現れるなら、それは「実在する」としてよい、ということです。

このことを押さえておけば、「実体」の図式が「時間における実在的なものの持続」（A一四四／B一八三）とされることも理解できると思います。つまり、時間の中に感覚が現れるだけでなく、それが持続するということです。この条件が満たされるものは、「実体」として扱われていいというわけです。カントが「実体」を恒常不変のものと考えていることからすれば、カントのこのような捉え方は理解していただけると思います。

「原因」の図式は、なんらかの実在的なもの（つまり感覚的に現れるもの）が現れればいつも他の実在的なものが継起するということです（「いつも」というのは「規則に従って」ということです）。そのようなことがあれば、先に現れる実在的なものは「原因」として扱うべし、というのです。

「相互性（相互的原因性）」の図式は、先ほどの「実体」の図式を踏まえて、ある実体のあり方ともう一つの実体のあり方が、なんらかの普遍的な規則に従って同時に存在することとされています。

このように、カントは同じ心に属する二つの能力でありながらその働きがまったく異なる「感性」と「知性」について、知性がもともと持っている「ものごとの捉え方」としての純粋知性概念がどのようにして直観（現象）に適用できるかを、「超越論的図式」という第三のものを想像力が準備するという仕方で説明しようとしたのです。

†図式論再説——ロックにまで戻って

とまあ、カントの論述に従って解説すると、一応こんなふうになるのですが、わかりづらいかもしれませんね。

そこで、思いっきりわたくし流のやり方で、解説し直してみますね。ちょっと時間がかかりますけど、おつきあいください。

カントが一二のカテゴリー（純粋知性概念）として挙げたもの、これをもう一度見てみましょう。

1　量のカテゴリー

単一性
数多性
総体性

2　質のカテゴリー
実在性
否定
制限

3　関係のカテゴリー
内属性と自存性（実体と偶有性）
原因性と依存性（原因と結果）
相互性（作用するものと作用を受けるものとの間の相互作用）

4　様相のカテゴリー
可能性——不可能性
現実存在——非存在
必然性——偶然性

このうち、「量のカテゴリー」というのは、一つとかいくつかとか、要するに「数」ですよね。二つ目の「質のカテゴリー」は、あるとかないとかですよね。三つ目の「関係のカテゴリー」は、実体とか原因とかですよね。四つ目の「様相のカテゴリー」は、可能だとか必然的だとかですよね。実は、こうしたものはみな、それに該当する物ないし事象を感覚的に知覚することはできても、「一つ」とか「ある」とか言われることそのこと自体を同じように感覚的に知覚することはできないということが、古くから気づかれていました。

え、よくわからない？　了解です。そしたら、こうしましょう。一本のシャープペンシルとか、一枚の紙とか、一冊の本とかを、私たちは見ることができます。けれども、「一つ」ということ、「一」という数そのものを、シャープペンシルや紙や本とは別に感覚的に知覚できるかというと、そういうわけにはいきませんよね。私たちがそうしたものを見るときに、「一つある」と思いながら見ることはあっても、「一つ」ということそれ自体を他の感覚されるものと並んで感覚することはありません。つまり、それは、私たちがそのように考えていること、つまり、カントふうに言えば、「概念」なんです。

こう考えてみますと、「ある」とか「ない」とかいったことも、そのことそれ自体が、色や形が見え音が聞こえるように感覚されるわけではないということも、おわかりいただけると思います。

そうなんです。カントがカテゴリー（純粋知性概念）として挙げているものは、こうしてみると、どれも、他の感覚されているものと並んでそれらとは別個に感覚されるようなものではなさそうです。

え、じゃあ、三つ目の組は？　三つ目の「関係のカテゴリー」の一つ目に、「実体」というのが出てきますよね。これは、一七世紀に大きな話題となったものでした。ロックが『人間知性論』第二巻で、「実体」というのはさまざまな性質を支えるものと言われるが、それ自体はなんだかよくわからないものだと言って、話題になったのです。例えば、花。色や形や香りといったさまざまな性質を私たちはそれについて感覚することができますよね。けれども、「そうしたさまざまな性質を持ち、それらを支えているなにか」としての「実体」というものを、色や形や香りなどと同列に感覚的に知覚することは、私たちにはできませんよね。

そして、極めつけは、ヒュームが問題にした、「原因」と「結果」です。この場合、「原因」という事柄それ自体が知覚されるわけではありません。原因となっている対象や事象は感覚的に知覚されても、それらとは別に「原因」であること自体が感覚的に知覚されるわけではありません。これについても、ロックは、私たちはさまざまな変化を知覚することから「原因」ということを考えるようになると、指摘しています。ロックによれば、さまざまな変化そのものは感覚されるが、「原因」はそれ自体が感覚されるものではなくて、その変化の知覚をもとに私たちが考えて**いる**ことなのです。

実を言うと、数や、「ある」ということについても、それらが直接感覚的に知覚できるものではないということを、ロックは、ある特徴のある言葉遣い（「示唆する」とか「……

と考える」とかいった）を用いて、すでに示していたのです。

ヒュームがロックのこのような見解をどの程度理解していたかはわかりませんが、自身の著書で、「原因」と「結果」の関係について、この関係そのもの（その中で特に重要な「必然的結合」）が感覚的に知覚されないと主張し、これによってカントにショックを与えたことは、先にお話ししたとおりです。

他の純粋知性概念についても、色や形が見えたり音が聞こえたりするような仕方でそれ自体を感覚的に知覚できるものではないことは、おわかりいただけると思います。

†対応する直観がある概念とない概念

こうしてみると、純粋知性概念と言われているもの、ロックやヒュームがすでにそれぞれの仕方でなんらかの程度において注意を向けていたものは、それがある仕方で感覚に（カントの言い方では直観に）適用されるものではあっても、それ自体に対応する感覚が別個に得られるものではないということは、おわかりいただけると思います。

ところが、カントが挙げている「犬」の概念や「三角形」の概念は、これとは性格が異なります。

「犬」の概念については、私たちはそれに対応する犬を、経験的に直観することができますよね（つまり、犬の事例を感覚することが、犬に出会えればできますよね）。あるいは、私たちはその概念に該当する事例を、心の中で「像」として描くことができますよね。三角形の場合も同じです。私たちは、「三角形」の概念に対応するものを経験的直観において知覚することができますし、心の中で想像によって「像」を描くこともできます。

こんなふうに、概念には、対応する直観があるものとないものとがある、ということになります。

†図式と像・再説

さて、カントは、「犬」や「三角形」のように、対応する直観が得られる概念については、想像力によって心の中で「像」を構成することができると言います。心の中にそれに対応する「像」を描くことができるということです。その場合、そもそも、その「像」を構成するときどう描いたらいいかが（つまり像を構成する手順が）わかっていなければいけないですよね。例えば「犬」の概念の場合、「かくかくしかじかこれこれこういう特徴を持つ四本足の動物」とかのように、それがどういうものかを明示する、言い換えれば、その概念に該当するための条件を明示するものが必要です。それが、カントの言う「図式」です。「三角形」の場合、その図式は「三つの直線からなる閉じた平面図形」のようなものです。これがわかってはじめて、想像力を用いて心の中に「像」を描いたり、直観に与えられたもののうちのあるものがそれに該当することからその概念がそれに適用可能と考えたりできるのです。つまり、この図式が機能して、どれに当の概念が適用可能か、どれが当の概念に「包摂」できるかがわかる、というわけです。

それでは、対応する直観がない概念の場合にはどうなるのでしょうか。その場合でも、その概念がある仕方で直観に適用される限り、どういう場合に適用できるかを規定する「図式」が必要です。けれども、それには対応する直観がありませんから、カントは、そうした純粋知性概念については、「純粋知性概念の図式はまったく像にすることのできないなにかである」と言うのです。図式はあるけれどもその図式を用いて「像」を構成することはできないのです。

†時間と図式

純粋知性概念の場合の図式、すなわち「超越論的図式」がどのようなものであるか。それを考える上で重要なのが、あらゆる直観が時間の中に現れるということです。

私たちは、直観に現れる（感覚的に知覚される）ものの特徴を言おうとするとき、しばしば空間の中におけるその特徴に注意を向けがちです。それは当然と言えば当然なのですが、その空間の中での特徴を捉えようとするときでさえ、私たちは必然的に時間経過の中で視線を移しながらその特徴を捉えることになります。つまり、その場合にも、ことは時間経過の中で進むのです。このような、空間的認知をも支配する時間経過にカントは注目し、その時間経過が持つ特徴を内容とする、超越論的図式を考えるのです。

　先に取り上げました「質のカテゴリー」の一つ目、「実在性」の図式を思い起こしてください。それは、「時間の中になんらかの感覚が現れること」でした。私たちは、実在するものの直観は持てても、実在ということそのものに対応する直観（感覚）を持つことはできません。ですが、カントは、もしなんらかの感覚が時間の中に現れるなら、それは「実在する」としてよいとします。感覚されるなら実在するとしてよいというわけですから、これはそれなりにもっともだと思っていただけると思います。そうすると、時間の流れの中でこのようなことが起きること（感覚が現れること）が「実在性」の図式の内容をなすということになり、この図式に合うものにはすべからく「実在性」という純粋知性概念を適用してよい、ということになります。

　繰り返しますが、「実在性」そのものの感覚を私たちは持てませんから、そうした感覚に「実在性」という概念を適用することはそもそもできませんが、時間経過の中でなんらかの感覚が現れるならそれにその概念を適用すべしというわけですから、私たちはその条件に合うものにその概念を適用することになるわけです。

　「実体」の図式は「時間における実在的なものの持続性」でした。右のように、「実在性」の概念がどういうものの場合に適用できるかが、「実在性」の概念の図式によって規定されましたから、それに加えてさらに、実在的なものが持続することが、「実体」の概念を適用するための要件として、「図式」によって規定されることになります。その条件が満たされるものには、「実体」概念が適用されていいというわけです。先にも言いましたように、カントは「実体」を恒常不変のものと考えていますので、その図式はこのようなものになります。

「原因」の図式は、なんらかの実在的なもの（つまり感覚的に現れるもの）が現れれば、規則に従って、他の実在的なものが継起するということでした。今度は、二つの実在的なものが規則に従って続いて起こる場合に、先に現れる実在的なものに「原因」概念を適用すべきであるということが、この図式で規定されています。

「相互性」の図式の場合も同じです。いずれも、時間に関する規定です。こうした「図式」に基づいて純粋知性概念が直観に適用されるとカントは考えるのです。

第7章　アプリオリな総合判断はいかにして可能か

†問いの確認と答えの基本方針

以上でカントの基本的道具立てとそれに関する問題の対処法を見ていただきましたので、いよいよカントが自身の「最も重要な」（A一五四／B一九三）問いにどのように答えるかに向かいます。

第3章の最後に見ましたように、カントが答えなければならなかった問いは、次のようなものでした。

アプリオリな総合判断はいかにして可能か。

これに答えるためにカントが準備したもの、それは、私たちの二つの認識源泉である「感性」と「知性」に、それぞれ、経験によらず最初からアプリオリに備わっている仕掛けがあるということを、明らかにすることでした。この仕掛けは、言い換えれば、「コペルニクス的転回」の仕掛けです。カントは、このアプリオリに備わった仕掛けを用いて、「アプリオリな総合判断」の可能性の問いに答えようとするのです。

カントは、アプリオリな総合判断に、二種類のものがあると考えています。一つは、「純粋哲学」言い換えれば「形而上学」に属するものであり、もう一つは「数学」に属するものです。この件についてのカントの言葉を、二つ引用してみましょう。まずは『純粋理性批判』からです。

哲学的認識は概念からの理性認識であり、数学的認識は概念の構成からの理性認識である。(A七一三/B七四一)

ここでは、「哲学的認識」と「数学的認識」とが対比されていますよね。一方は「概念からの」、他方は「概念の構成からの」と異なっていますが、いずれも「理性認識」と言われています。ここに言う「理性認識」は、アプリオリな総合的認識、言い換えれば、経験に依存しないアプリオリな総合判断のことです。つまり、アプリオリな総合判断には哲学に属するものと数学に属するものとがあり、前者は概念に基づくが後者は概念の「構成」に基づく、と言っているのです。

二つ目は、一七八六年の『自然科学の形而上学的基礎』からです。

純然たる概念からの純粋な理性認識は、純粋哲学もしくは形而上学と呼ばれる。これに対して、〔……〕その認識が概念の構成にのみ基づいている純粋な理性認識は、数学と呼ばれる。(『自然科学の形而上学的基礎』、アカデミー版カント全集第四巻四六九ページ)

ここでは「純粋哲学」すなわち「形而上学」と、「数学」とが対比されていて、前者の認識が「概念からの」認識であるのに対して、後者の認識は「概念の構成にのみ基づく」とされています。つまり、趣旨は先ほどと同じで、アプリオリな総合判断が「純粋哲学」ないし「形而上学」に属するものと「数学」に属するものとに分類され、前者が概念に基づくのに対して後者は概念の「構成」に基づくとされているのです。

このように、カントによれば、アプリオリな総合判断を生み出すのは「形而上学」と「(純粋) 数学」ということになりそうです。え、それなら純粋自然科学は？　そうですよね。

第3章で純粋自然科学のアプリオリな総合判断の例を挙げておきました。次の二つです。

物体の世界においては、すべての変化において物質の量は不変にとどまる。

すべての運動伝達において、作用と反作用は常に互いに等しくなければならない。

これらは、いずれも、一七八七年の『純粋理性批判』第二版序論（B一八）でカントが挙げた事例です。「物体の世界においては」とか「すべての運動伝達において」とかいった言葉遣いからして、自然科学に属するものであることはわかりますよね。とすると、「形而上学」および「数学」とともに、「純粋自然科学」がアプリオリな総合判断からなる学として挙げられていてよさそうなものです。

カントが純粋自然科学のアプリオリな総合判断の事例を挙げながら、アプリオリな総合判断の種類を挙げるときそれを独自の項目として取り上げないことについては、次のような事情があります。カントは、『純粋理性批判』で「自然の法則は知性の原則を現象の特殊事例に適用するにすぎない」(A一五九／B一九八)と言い、さらに一七八三年の『プロレゴーメナ』で次のように言っています。

一般自然科学〔……〕の中には、現象に応用された数学と、(概念からの)まったく論証的な原則が見出され、後者は純粋自然認識の哲学的部門をなしている。(『プロレゴーメナ』第一五節)

ここで「一般自然科学」と言われているものは、カントが純粋自然科学を含む学として挙げているもので、そこには「現象に応用された数学」と「純粋自然認識の哲学的部門」が見出されるとしています。前者は「現象に応用された」限りでの数学で、後者は自然を非経験的に考察する「純粋哲学」の部門、つまり、自然に関する「形而上学」なのです。

ということはつまり、カントによれば、純粋自然科学は、ある種の「数学」とある種の

「形而上学」からなるのです。実際彼は、『自然科学の形而上学的基礎』の中で、自然科学の純粋部門について、それは「形而上学的構成物と数学的構成物が互いに入り交じるのを常とする」(アカデミー版カント全集第四巻四七三ページ)と言っています。カントがアプリオリな総合判断の可能性を論じるとき「形而上学」と「数学」しか挙げない理由は、ここにあります。つまり、それらにおけるアプリオリな総合判断の可能性が解明されれば、純粋自然科学の可能性についても基本的な事柄は解明されたことになると、カントは考えているのです。

そのようなわけで、以下ではまず、数学に属するアプリオリな総合判断を取り上げ、幾何学を例に採って、それを得るための方法とされている「概念の構成」がどのようなものであるかを確認することにします。

✝概念の「構成」

カントは『純粋理性批判』の中で純粋数学の形成に幾度か触れるのですが、最も明瞭にそれが論じられるのは、『純粋理性批判』を構成する二つの部分である「超越論的原理論」と「超越論的方法論」のうち、後者の「超越論的方法論」の最初のところです。

カントはその第一章第一節で、「数学は、経験の助けなしに自力で順調に拡張していく純粋理性の、最も輝かしい事例を与える」(A七一二/B七四〇)と言います。数学が総合判断を与えるという見解に立って、しかも「経験の助けなしに」ということですから「アプリオリに」ということで、ここでカントは数学における「アプリオリな総合判断」がどうして可能なのかを改めて語ろうとします。

すでに見ましたように、カントによれば、数学的認識は「概念の構成からの理性認識」です。もちろん、ここで重要なのは、概念の「構成」（Konstruktion コンストルクツィオーン。あとにも出てきますように、カント自身は 'Construction' と綴っていました）という考え方です。「構成」ということの言葉、先ほど、「図式」の説明のところでも出てきました。動詞は 'konstruieren'（コンストルイーレン、「構成する」）です。カントはこれを、次のように説明します。

概念を構成するとは、その概念に対応する直観をアプリオリに描き出すことである。したがって、概念の構成には経験的でない直観が必要であり、そのため、その直観は、直観としては個別の客観（対象）であるが、それにもかかわらず、概念（普遍的表象）の構成としては、同じ概念に属するすべての可能な直観に対する普遍妥当性を、その表象において表現しなければならない。というわけで、私が三角形を構成するには、この概念に対応する対象を、ひたすら想像によって純粋直観において描き出すか、また想像に従って紙の上に経験的直観において描き出すかであり、いずれの場合にも、まったくアプリオリで、そのための見本をなんらかの経験から借りてくることはない。描かれた個別の図形は経験的であるが、にもかかわらず、概念が持つ普遍性を損なうことなくその概念を表現するのに役立つ。というのも、概念にとっては辺や角の大きさのような多くの規定はまったくどうでもいいことであるが、この経験的直観においては、常にただ概念の構成の働きだけに注意が向けられ、したがって、三角形の概念を変えるわけではないこれらの違いは捨象されるからである。（A七一三～七一四／B七四一～七四二）

カントはここでおもしろいことを言っています。数学は、「概念の構成に基づく」のですが、その場合の「構成」とは、「概念に対応する直観をアプリオリに描き出すこと」だと言うのです。そして、この「直観をアプリオリに描き出す」とは、「想像」によって心の中に描き出すか、その想像に従って紙の上に描くかだと言うのです。

†概念の「普遍性」

言われている事柄を明確にするため、「概念」について一つ確認しておきます。

先に触れましたように、概念というものは、一つのものにのみ適用できるというのではなく、複数のものに適用できるという特徴を有しています。「犬」の概念は、柴犬にも土佐犬にもシェパードにもシベリアンハスキーにも適用できます。「花」の概念は菊にもデイジーにも蘭にも紫苑にも向日葵にも適用できます。ここで取り上げられている「三角形」の概念は、不等辺三角形にも二等辺三角形にも正三角形にも鋭角三角形にも直角三角形にも鈍角三角形にも大きな三角形にも小さな三角形にも適用できます。みな三角形なのです。

このように、概念というものは、カントが右の引用箇所でも言っているように、「普遍性」を持っています。

†想像と想像力

カントは右の引用箇所で、概念の「構成」を「概念に対応する直観をアプリオリに描き出すこと」と説明していました。どこに描くかというと、「想像」によって心の中に描く、というのがその一つです。

「想像」というのは、ドイツ語では'Einbildung'(アインビルドゥング)で、公用語のラテン語では'imaginatio'(イマーギナーティオー)、これが英語に入ると'imagination'(イマジネイション)となります。

「イマーギナーティオー」というのは、心の中に'imago'(イマーゴー、「似たもの」、「像」)を作ることです。そういう意味の言葉ですから、感覚作用も、それが外的なものになんらかの仕方で対応した像を心の中に作るということから、かつてはそれも「イマーギナーティオー」と呼ばれることがありました。一七世紀後半に活躍したジョン・ロックも、『人間知性論』の一六七一年の草稿の中で「イマジネイション」を感覚に対して使用することがあるのはそのためです。

ですが、そのようなもともとの使われ方と並行して、今私たちが「想像する」と言うときにしばしばそうである、「考えてみる」に近い用法も、行われるようになります。

当面の文脈では、「心の中に像を作ること」として、言い換えれば心の中に「心像」を作ることとして、「想像」という言葉を理解していただく必要があります。カントが使っているのはドイツ語の「アインビルドゥング」(Einbildung) ですが、その中に含まれている「ビルト」(Bild) はまさしく「像」のことであり、「アインビルドゥング」は「心の中に像を作ること」、あるいはそのようにして作られた「心像」を意味します。

英語の 'imagination' (イマジネイション) は「想像すること」とともに「想像する力」つまり「想像力」をも意味します。カントが使うドイツ語の場合、「想像力」にあたるのは 'Einbildungskraft' (アインビルドゥングスクラフト) です。

† 「純粋直観において」

さて、もとの話題に戻りましょう。「構成」とは、「概念に対応する直観をアプリオリに描き出すこと」ですが、その描き方の一つは、「ひたすら想像によって純粋直観において描き出す」と言われていました。「想像」ということがどういうことかを理解していただきましたから、次は「純粋直観において」というのがどういうことかを考えてみましょう。

カントによれば、私たちに対象が与えられるのは「感性」が働くことによってでした。キリスト教の神なら感覚器官を要しませんから、そういうことは必要ではないでしょうが、私たち人間に対象が与えられるためには、物自体から触発されることによって私たちに表象を与える「感性」が働いてくれなければなりません。カントによれば、私たち人間の場合には、感性だけが直観を与えてくれるのです。つまり、物自体、あるいは先に言いましたように対象自体と言ってもいいのですが、そうしたものから私たちの感覚能力が刺激を受けることによって、このように見えたり聞こえたりするという状態が生じるのです。

カントは、この直観に、二つのものを区別します。

一つは、その「素材」です。つまり、さまざまな感覚が与えられていますよね。色が見えたり、音が聞こえたり。そうした感覚が、感性的直観の素材です。そして、もう一つは、直観の「形式」です。

先に見ましたように、この直観の形式は空間と時間であり、空間と時間もまた直観で、しかもアプリオリに「感性」に組み込まれているものですから、仮に感覚が与えられることがなくてもあるものなのです。物自体からの刺激があろうがなかろうが、感性に組み込まれて機能するものと考えられていますからね。ですから、カントは、空間と時間を、感覚とは関わりなく存在する直観ということで、「純粋直観」と呼びます。これに対して、感覚を含む直観を「経験的直観」と言います。今なにかが見えているとすれば、それがなんであろうと、その場合の直観は、「経験的直観」です。

当面の話題となっている「純粋直観」は、空間です。そうすると、「ひたすら想像によって純粋直観において描き出す」場合には、言い換えれば心の中で想像によって心像を描く場合には、その作業は感覚とは関わっていないということが含意されていることになります。心の中での（例えば）三角形のイメージ形成作業がどうして「概念に対応する直観をアプリオリに描き出す」という役割を担えるかというと、それは想像の作業であって感覚の場における作業ではなく、したがってそれは空間という純粋直観の枠組みの中での作業であって、いかなる経験にも依存していないからだということになります。

このように、カントは、想像の場としての心の中に、「感性」が直観の純粋形式として持っている空間という枠組みが機能しているとみなし、その純粋な空間の中に作図することによって、「概念に対応する直観のアプリオリな描出」ができると考えているのです。

この「概念に対応する直観のアプリオリな描出」を行う想像力を、カントは「産出的想像力」（produktive Einbildungskraft プロドゥクティーヴェ・アインビルドゥングスクラフト）と呼びます。これに対して、すでに経験されたものを再現する想像力を、「再生的想像力」（reproduktive Einbildungskraft レプロドゥクティーヴェ・アインビルドゥングスクラフト）

と呼んでいます。

†紙の上の作図の場合

作図についてはもう一つありましたよね。「想像に従って紙の上に経験的直観において描き出す」というものです。「想像に従って」ですから、まずは心の中でのイメージ作成があって、それに従って紙の上に図を描くという場合です。紙の上に描くのですから、紙の表面を私たちが見ながら作業を進める以上、「経験的直観において描き出す」ということになります。

そうすると、その場合には、数学は経験的直観を頼りとすることになり、経験を頼りとする以上、アプリオリな学問にはならないということになりはしないかと心配されるかもしれませんが、さにあらず。カントはその場合でも、「そのための見本をなんらかの経験から借りてくることはない」と言います。つまり、紙の上に図を描いて数学的考察を進める場合でも、その図のもとになっているのはあくまで想像によって心の中の純粋空間に描き出された図であって、経験的に知られる図形がもとになっているのではないと言うのです。あくまで、作図のもとは想像にあり、想像によって心の中で概念に対応する心像を描いてみせることにある、というわけです。

†再確認――『発見について』より

「構成」に関するカントの見解を別の角度から確認するため、今度は『純粋理性の新たな批判がすべて古い批判によって無用となるという発見について』を見てみましょう。一七九〇年にケーニヒスベルクで出版されたこの書き物の注で、カントは次のように述べています。

『純粋理性批判』で何度も語り、それによって数学における理性の方法を哲学における理性の方法からはじめて正確に区別した「概念の構成」(Construction der Begriffe コンストルクツィオーン・デア・ベグリフェ)という表現が乱用されないように、以下のことを述べておこう。概念に対応する直観を(自発的に)生み出すことによって概念を描き出すことはみな、一般的な意味において、「構成」と呼ぶことができる。構成がひたすら想像力によってアプリオリな概念に従って行われるなら、それは「純粋構成」(reine Construction ライネ・コンストルクツィオーン)と呼ばれる(数学者はそうした純粋構成を自分が行うすべての論証の基盤としなければならない。したがって、数学者は砂に杖で描く円によって――それがどれほど粗雑なものであろうと――まるで最高の芸術家が銅版画に描いたかのように、円一般の諸性質をきわめて完全に証明することができる)。しかし、構成がなんらかの物質を用いて行われるとしたら、それは「経験的構成」と呼ぶことができる。純粋構成はまた「図式的構成」（schematische Construction シェマーティッシェ・コンストルクツィオーン）と呼ぶことができ、経験的構成は「技術的構成」と呼ぶことができる。ところで、後者は、実際には本来「構成」と呼ばれるべきものではないが（というのも、それは学問にではなく技術に属し、道具を用いて行われるものであるから）、コンパスと定規による幾何学的構成か、円以外の円錐曲線を描く場合のように、ほかの道具を必要とする機械的構成のいずれかである。（『純粋理性の新たな批判がすべて古い批判によって無用となるという発見について』初版本一二～一三ページ注。アカデミー版カント全集では第八巻一九一～一九二ページ）

ここではよりいっそう明確に、想像力により、アプリオリな概念に従ってそれに対応する直観を描き出すことが言われています。カントは想像力によって、アプリオリな概念の図を心の中で描くことができると信じているのです。

「アプリオリな概念」というのは、幾何学で扱うさまざまな図形の概念だと思ってください。例えば、「円」の概念、「三角形」の概念です。こういう概念を、カントはアプリオリな概念だと思っているのですが、もしかしたら、こういうものは、経験から習得されたもので、経験によって得られた概念、つまり経験的概念だと思われるかもしれませんね。

でも、「正二四角形」の概念なんかですと、どうでしょう。多分どなたも、それを経験から学んだ、つまり正二四角形をどこかで見たことがあるということはまずないと思います。にもかかわらず、その概念がどういうものであるかわかりますよね。そう考えていただくと、カントがそうした概念を含めて、「円」や「三角形」といった概念を「アプリオリな

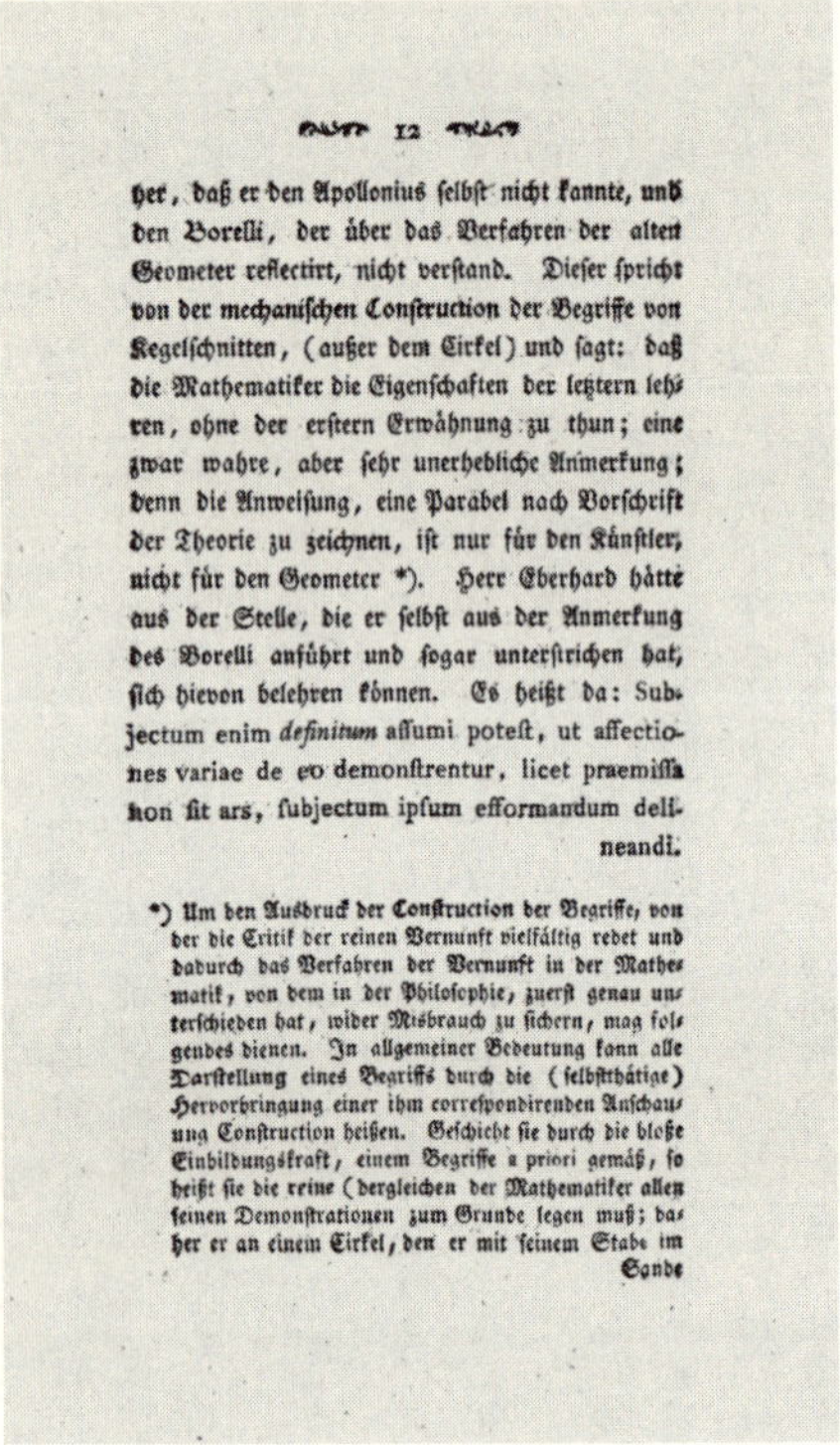

12

her, daß er den Apollonius selbst nicht kannte, und den Borelli, der über das Verfahren der alten Geometer reflectirt, nicht verstand. Dieser spricht von der mechanischen Construction der Begriffe von Kegelschnitten, (außer dem Cirkel) und sagt: daß die Mathematiker die Eigenschaften der letztern lehren, ohne der erstern Erwähnung zu thun; eine zwar wahre, aber sehr unerhebliche Anmerkung; denn die Anweisung, eine Parabel nach Vorschrift der Theorie zu zeichnen, ist nur für den Künstler, nicht für den Geometer *). Herr Eberhard hätte aus der Stelle, die er selbst aus der Anmerkung des Borelli anführt und sogar unterstrichen hat, sich hievon belehren können. Es heißt da: Subjectum enim *definitum* assumi potest, ut affectiones variae de eo demonstrentur, licet praemissa non sit ars, subjectum ipsum efformandum delineandi.

*) Um den Ausdruck der Construction der Begriffe, von der die Critik der reinen Vernunft vielfältig redet und dadurch das Verfahren der Vernunft in der Mathematik, von dem in der Philosophie, zuerst genau unterschieden hat, wider Misbrauch zu sichern, mag folgendes dienen. In allgemeiner Bedeutung kann alle Darstellung eines Begriffs durch die (selbstthätige) Hervorbringung einer ihm correspondirenden Anschauung Construction heißen. Geschicht sie durch die bloße Einbildungskraft, einem Begriffe a priori gemäß, so heißt sie die reine (dergleichen der Mathematiker allen seinen Demonstrationen zum Grunde legen muß; daher er an einem Cirkel, den er mit seinem Stabe im

Sande

【図46】『純粋理性の新たな批判がすべて古い批判によって無用となるという発見について』初版12ページ

概念」と見るのも、わからなくはないかもしれませんね。

で、カントが言っているのは、そうした概念の内容を理解し、それに合うように想像力によって心の中に図を描くこと、これが「構成」と言われているものだ、ということです。

カントは「構成」は「図式」に基づいて行われると明言してはいません。けれど、その

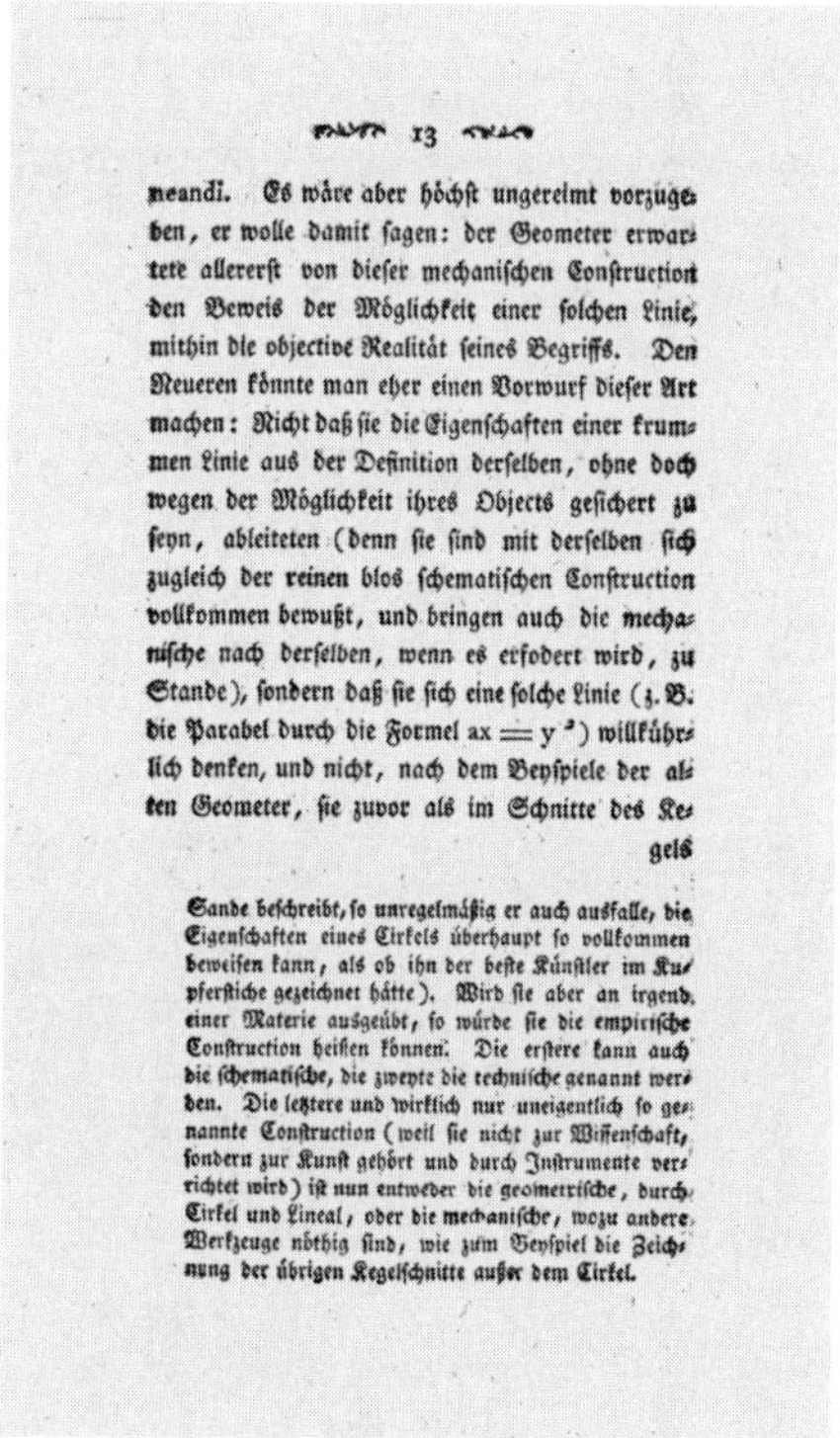
13

neandi. Es wäre aber höchst ungereimt vorzugeben, er wolle damit sagen: der Geometer erwartete allererst von dieser mechanischen Construction den Beweis der Möglichkeit einer solchen Linie, mithin die objective Realität seines Begriffs. Den Neueren könnte man eher einen Vorwurf dieser Art machen: Nicht daß sie die Eigenschaften einer krummen Linie aus der Definition derselben, ohne doch wegen der Möglichkeit ihres Objects gesichert zu seyn, ableiteten (denn sie sind mit derselben sich zugleich der reinen blos schematischen Construction vollkommen bewußt, und bringen auch die mechanische nach derselben, wenn es erfodert wird, zu Stande), sondern daß sie sich eine solche Linie (z. B. die Parabel durch die Formel $ax = y^2$) willkührlich denken, und nicht, nach dem Beyspiele der alten Geometer, sie zuvor als im Schnitte des Kegels

Sande beschreibt, so unregelmäßig er auch ausfalle, die Eigenschaften eines Cirkels überhaupt so vollkommen beweisen kann, als ob ihn der beste Künstler im Kupferstiche gezeichnet hätte). Wird sie aber an irgend einer Materie ausgeübt, so würde sie die empirische Construction heissen können. Die erstere kann auch die schematische, die zweyte die technische genannt werden. Die letztere und wirklich nur uneigentlich so genannte Construction (weil sie nicht zur Wissenschaft, sondern zur Kunst gehört und durch Instrumente verrichtet wird) ist nun entweder die geometrische, durch Cirkel und Lineal, oder die mechanische, wozu andere Werkzeuge nöthig sind, wie zum Beyspiel die Zeichnung der übrigen Kegelschnitte außer dem Cirkel.

【図47】『純粋理性の新たな批判がすべて古い批判によって無用となるという発見について』初版13ページ

「構成」が、「平面上で、ある一点から等距離にある点の集合」とか「三つの直線からなる閉じた平面図形」とかいった、前章で論じた「図式」をもとに行われるものであることは、ご理解いただけると思います。右の引用箇所で、カントが「純粋構成」を「図式的構成」と言い換えているのは、そのためだと考えられます。

ところで、カントは心の中の図だけでなく、砂の上に描かれた正確さを著しく欠く図も幾何学的証明の基礎になると考えています。このことからすると、前節で見ましたように、この場合でもやはり、概念を想像力によって直観化することが先行しているとしなければならないようです。そうした条件付きでのみ、つまり、経験ではなく概念をもとにしていることから、砂や紙の上に描かれた図もまた、純粋構成に属することになるようです。

†特殊性の度外視

ですが、それでも、問題が残ります。そのようにして心の中に、あるいは紙の上に描かれた図は、あくまで一つの特定の個体にすぎません。

三角形の場合、私たちが想像によって描く三角形も、紙の上に描く三角形も、特定の大きさ、特定の辺の長さや角の大きさを持っていますから、それをもとにして例えば「三角形の内角の和は二直角である」を証明したとしても、それはその特定の三角形について言えることであって、一般化できないのではないかという疑問が生じる可能性があります。

そこで、その図は、なんらかの仕方で、概念の持つ「普遍性」を維持しなければなりません。

これについて、カントは、先ほどの(『純粋理性批判』からの)引用箇所で、「描かれた個別の図形は経験的であるが、にもかかわらず、概念が持つ普遍性を損なうことなくその概念を表現するのに役立つ」と言っていました。つまり、描かれた図は、ある仕方で「普遍性」を維持していると言うのです。それがどのようにしてなのかについて、カントは、「というのも、概念にとっては辺や角の大きさのような多くの規定はまったくどうでもいいことであるが、この経験的直観においては、常にただ概念の構成の働きだけに注意が向けられ、したがって、三角形の概念を変えるわけではないこれらの違いは捨象されるからである」と答えています。描かれた図は、確かに特定の規定を持つが、三角形であるということだけが重要であって、その「三角形である」ということを変えない限り、個々の規定は捨象できる、つまり、三角形の図を特定の三角形にしているさまざまな規定は無視(度外視)して、三つの直線からなる閉じた平面図形を描くという「構成の働き」だけに注意すればよいとしているのです。(実はこの考え、ここでは立ち入りませんが、カントに先行するバークリやヒュームに見られるものです。彼らの一般観念論とつき合わせると、カントの考え方の特徴がなおいっそうよく見えてくると思います。これについては、本書「あとがき」で言及する私の著書『カント哲学の奇妙な歪み』第3章を参照していただければ幸いです。)

†純粋直観を頼りに

では、幾何学に属する「アプリオリな総合判断」は、どのようにして可能となるのでしょうか。

例えば先ほど例に挙げました「三角形」の概念、これは、「三つの直線からなる閉じた平面図形」といった類いの内容を持ちます。この概念をいくら分析しても、分析判断（例えば「三角形は三つの直線からなる」とか「三角形は平面図形である」とか）を引き出すことはできても、問題の総合判断は引き出せません。そこで、なんらかの手段が必要となりますが、その場合の引き出し方は、経験に依存するようなものではなくて、アプリオリなものでなければなりません。

そこで、カントが持ち出すのが、先ほどの、概念の「構成」です。まずは想像によって、心の中にその概念に対応する図を描くこと。この作業は、純粋直観としての空間の中で進められ、その結果描かれる図形も、カントはこれを純粋直観とみなします。ですから、それに従って紙に作図すれば、それは経験的直観ではあるにしても、純粋直観としての図形がそのルーツです。したがって、その限りにおいて、図はあくまで経験に依存するものではなく、アプリオリなものだと言うのです。そして、描かれた図の特殊性（特定の大きさの辺や角を持つこと）が概念の普遍性を損なうのではないかという点については、特定の

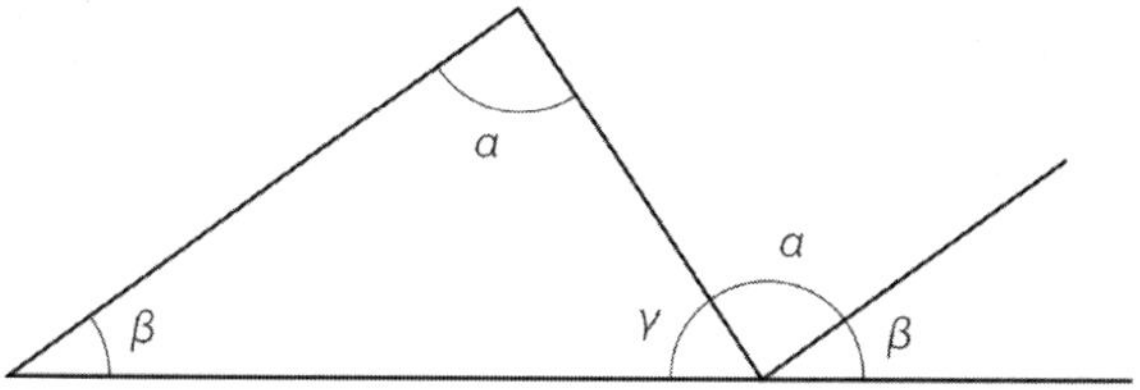

【図48】「三角形の内角の和は二直角である」

大きさ等々には注意を向けず、その図が当該概念の内容（例えば「三つの直線からなる閉じた平面図形」ということ）に合わせて作られているという点にのみ注意を向けることによって、普遍性が維持できるとします。

つまり、描かれた図自体は特定の大きさの辺や角を持っているが、それをもとにした考察においては辺や角の特定の大きさを考慮しないことによって、描かれた図が普遍的な幾何学的認識を得る上で不可欠の役割を担う、とカントは考えるのです。

例えば、図48に示すように、その描かれた三角形の一辺を延長し、そこにできる外角に、その対辺に平行な線を描き加えることによって、私たちは「三角形の内角の和は二直角である」ことを見出します。これは、「三角形」の概念をいくら分析しても出てこない、作図によらなければ明らかにできないことなのです。

カントのこの説明においては、作図の行われる空間自体が私たちにアプリオリに備わっている純粋直観であることが、重要な役割を演じています。そこに想像力によって図が描かれ、それをもとに「総合判断」が導き出されるというのです。つまり、幾何学の判断は、私たちの感性と知性にもともと備わっているものだけを使って純粋直観から引き出される総合判断だから、「アプリオリな総合判断」だというわけです。

†形而上学の場合

それでは次に、形而上学の場合です。

先に見ましたように、数学の場合には「概念の構成」に基づいてアプリオリな総合判断が導出されるのに対して、形而上学の場合には「概念から」と言われていました。

アポステリオリな総合判断の場合、つまり、経験に基づいて引き出される総合判断の場合には、例えば王水に金を入れてみると溶けたという「経験」から——言い換えればそうした「経験的直観」の獲得から——「金」の概念にそれまで含まれていなかった「王水に溶ける」という概念を、「金」という主語に述語として加えて、「金は王水に溶ける」というアポステリオリな総合判断を得ることができます。また、幾何学のような純粋数学の場合、「概念の構成」による「純粋直観」からそのアプリオリな総合判断を導出することは、先ほど確認したとおりです。これに対して、形而上学に属するアプリオリな総合判断の場合には、こうした「概念の構成」に基づいてではなくて、「概念から」導かれる、というのです。ところが、「概念から」ということになると、「分析判断」を連想してしまいますよね。概念を分析して、そこからある要素を引き出し、それを述語として当の概念に付与する。こんなことを、つい想像してしまいます。しかし、それだと私たちの知識は拡張されませんし、そもそも求めるアプリオリな総合判断ではないのですから、これでは話になりません。

もとより、カントは、「純粋哲学」ないし「形而上学」に属するアプリオリな総合判断として、このような分析判断まがいのことを考えているわけではありません。カントは「超越論的分析論」の「概念の分析論」に続く「原則の分析論」の序論で、次のように述べています。

〔原則の分析論〕第二章は、〔……〕純粋知性概念からアプリオリに生じ、他のあらゆるアプリオリな認識の基礎をなす総合判断について、すなわち純粋知性の原則について論じる。(A一三六／B一七五)

ここに言う「純粋知性の原則」は、「アプリオリに生じ〔る……〕総合判断」ですから、アプリオリな総合判断ですよね。しかもそれが、「純粋知性概念から〔……〕生じ〔る〕」と言われています。そうすると、概念から引き出されるものでありながら、分析判断ではなくて総合判断であるというその理由は、何か別のところにありそうです。しかも、ここに言う純粋知性概念からアプリオリに引き出される「原則」がそうしたアプリオリな総合判断なのですから、前章で言及したように、私たちは「原則の分析論」で扱われるいくつかの原則こそ、カントの言う「純粋哲学」ないし「形而上学」に属するアプリオリな総合判断の事例であると考えなければならないことになります。

†経験との関係

それでは、カントはそうしたアプリオリな総合判断がどのようにして純粋知性概念から引き出されると考えているのでしょうか。それについての説明は、『純粋理性批判』のいくつかの箇所に見ることができます。ここでは、先ほどの数学の場合と同じように、『純粋理性批判』の「超越論的方法論」の中でのカントの説明を見ておきましょう。彼は次のように言っています。

単なる思弁的な使用における全純粋理性は、概念からの直接的に総合的な判断を一つも含まない。というのも、われわれが示したように、純粋理性は、客観的妥当性を有する総合判断を、理念によって得ることができないからである。しかし、純粋理性は、知性概念によって確実な原則を立てる。けれども、概念から直接にではなく、常にただ間接的に、その概念がまったく偶然的ななにか、つまり、可能的経験に対して持つ関係によって、そうするのである。なぜなら、その原則は、可能的経験（可能的経験の対象としてのなにか）が前提される場合には、もちろん明証必然的に確かであるが、しかしそれ自体では（直接）アプリオリにはまったく認識されえないからである。したがって、これらの与えられた概念からだけでは、「生起するものはみなその原因を持つ」という命題を、誰も徹底的に洞察することができない。〔……〕この命題は、自らの証明根拠すなわち経験を、自らはじめて可能にするとともに、この経験において常に前提されなければならないという、特殊な性質を持つ〔……〕。（A七三六～七三七／B七六四～七六五）

ここに見られますように、そのタイプのアプリオリな総合判断（ここでは「原則」）は、純粋知性概念だけから導出されるのではなく、純粋知性概念が「可能的経験に対して持つ関係」から導出されるというのです。（「可能的経験」という言い方は日常的にはいかにも不可解な表現ですが、過去・現在・未来を問わずともかく「経験」でありうるものをみな表現するための言葉です。ですから、「なんらかの経験」とか「経験一般」とかのほうがわかりやすければ、それでも大丈夫です。）これだけではまだ具体的なことは明らかではありませんが、ともかく、「概念から」と言っても「分析判断」の場合とは事情が異なるようだということは、これでおわかりいただけたと思います。

ところで、右の引用箇所には「生起するものはみなその原因を持つ」という原則が例として挙げられていました。『純粋理性批判』第二版の「原則の分析論」には、これに類する

すべての変化は原因と結果の結合の法則に従って生起する（B二三二）

という原則が、「第二の類推」として論じられています。以下では、この第二の類推の原則を例にとって、カントの言う「概念が可能的経験に対して持つ関係」が実際にその「証明」においてどのように機能するかを見ることにします。

†第二の類推における証明

「すべての変化は原因と結果の結合の法則に従って生起する」という原則を、カントは次のように証明しようとします。

　私たちは、時間の流れの中で、対象のある状態と別の状態が続いて現れることを、さまざまな仕方で知覚します。けれども、私たちが知覚する多様な状態の継起は、ものごとの客観的先後関係を示すとは限りません。カントは、「継起する諸現象の客観的関係は、単なる知覚によっては定まらない」（B二三三〜二三四）と言い、単に継起する状態を知覚す

るだけでは客観的先後関係の認識には至らないとします。

例を挙げてみましょう。カントが挙げた例です。

例えば、目の前の家を観察するとします。屋根を見、壁を見、窓を見、土台を見……というふうに、視線を次々と移してそのさまざまな部分に注意を向けるとき、そこに、家という物の「ある状態」の知覚と「別の状態」の知覚が続いて起こります。しかし、その場合、その「ある状態」の知覚と「別の状態」の知覚は、私たちが視線を任意に移すことに対応して継起しているだけで、それによって家そのものがなんらかの変化をきたしているとは思いませんよね。ですから、その視線を向ける時間的な順序がこの場合家の客観的なあり方を反映しているかというと、そうではありません。先に土台を見、それから屋根を見て……というふうに見ていっても、それがどういう家なのかを観察する上で、ことさら問題があるわけではありません。

このように、家を観察する場合、どのような順序で視線を移すかで、時間の中で継起する視覚の内容の先後関係に違いが生じますけれども、この場合には、何が先に見え何があとに見えたかは、問題ではありません。何を先に見、何をあとに見ても、その順序は、捉えるべき対象の客観的なあり方には関わらないのです。この場合、家自体は変化せず、変化しているのは視線の移動による私たちの「知覚」のほうだと考えられているのです。

ところが、船が上流から下流へと下ってくるのを見る場合はどうでしょうか。この場合にもまた、知覚の内容は時間の中で変化し、「ある状態」の知覚と「別の状態」の知覚が次々と継起していきますが、この場合には、何が先に見え何があとに見えたかが、重要な意味を持ちますよね。先に上流にある船が見えそれがだんだん下流へと移っていくという知覚の時間的な順序が、この場合には船の客観的なあり方に関わっています。家の場合と同じように、先後関係を逆にしても問題がないというわけにはいきません。

　後者の場合には、事象そのものに「変化」があると考えられます。そして、私たちにどのような順序で知覚されるかと、当の事象が客観的にどのような順序で変化するかには、ある密接な関係があるのです。

　問題は、そこなんです。私たちはあらゆるものを時間の経過の中で捉えていますが、その場合、実際私たち自身がどのような順序でそれを捉えたかが問題ではない場合と、それが大いに問題になる場合とがあります。後者の場合には、事象のほうに「変化」があり、そこには私たちの知覚の順序と緊密に関わる異なる状態の「客観的関係」というものがあると考えられているのです。

　そこで、カントは次のように話を続けます。

> この客観的関係が定まったものとして認識されるためには、二つの状態のうちのどれが先行しどれが後続する〔……〕としなければならないかが必然的に定まるように、それ

らの二つの状態の関係が、考えられなければならない。(B二三四)

つまり、ものごとが「変化」する場合、その変化については、どちらが先でどちらがあとであるかに関して、客観的な順序、客観的な先後関係があり、「変化」の経験においては、客観的先後関係を、必然的なものと考えなければならないと言うのです。

問題は、その「必然的」という点です。カントによれば、経験からは「必然性」は出てきません。複数のものを「必然的」な仕方で総合して捉えることができるのは、私たちの知性があらかじめ持っている「純粋知性概念」によってだけです。ところが、一二ある純粋知性概念のうち、どれが事象の「変化」において働くべきものかというと、第三の「関係のカテゴリー」に属する「原因と結果」の概念ですよね。カントによれば、「変化」はこの概念を通して捉えられるしかありません。

原因と結果の関係は私たちの思考のアプリオリな基本パターンの一つであり、その意味で必然的思考パターンと見られるものですから、すべての変化における先後関係は、必然的なもの、言い換えれば法則に従うものでなければなりません。つまり、あらゆる変化は「原因と結果の結合の法則に従って生起する」としなければならないというのです。

要するに、私たちは経験におけるすべての「変化」を、「原因と結果」のカテゴリーを適用することによって、原因と結果の必然的関係——つまり法則に従う関係——において捉えるしかないので、「すべての変化は原因と結果の結合の法則に従って生起する」とせざるをえず、こうした捉え方がなければ客観的変化の認識はありえない、とカントは主張しているのです。

†「概念が可能的経験に対して持つ関係」再考

さて、この証明では、純粋知性概念のほかに、それが適用されるべき経験的事象が取り上げられています。客観的順序（客観的先後関係）を持つべき「変化」という経験においては、「原因と結果」のカテゴリーが適用され、「すべての変化は原因と結果の結合の法則に従って生起する」としなければ経験は成り立たないという方向に、論は進められていきます。こうして、先に見た「概念が可能的経験に対して持つ関係」が、この原則の証明において不可欠の観点となっていることが、見ていただけるのではないでしょうか。単に純粋知性概念だけが扱われているのではなくて、それがどのような仕方で関わることによって経験が成立するかという観点から、その「証明」は試みられているのです。

そうしますと、ある意味で当然のことなのですが、第5章・第6章で見た演繹の議論も図式論も、路線としては同じですよね。結局カントは、心の中にアプリオリに備わっている感性の純粋形式としての空間・時間と一二の純粋知性概念から、自分が「経験」もしくは「経験の対象」と考えているものがどのようにして一般に成立するかを、繰り返し角度を変えて解き明かそうとしているのです。

†形而上学もしくは純粋哲学と、自然科学の原理のおもしろい関係

カントはこのように、アプリオリな総合判断について、一方では純粋数学を取り上げ、その場合にはそれは「概念の構成から」導かれるとし、他方、形而上学もしくは純粋哲学の場合には、「概念が可能的経験に対して持つ関係」を考慮しつつ「概念から」導かれるとします。後者については、さしあたり、『純粋理性批判』の原則の分析論で「証明」されるいくつかの「原則」のうち、「第二の類推」と名づけられているものを取り上げたわけですが、これをはじめとする原則はみな、カントによれば、そうした「概念から」導かれるアプリオリな総合判断なのです。

カントは、こうした原則を、カテゴリー（純粋知性概念）の四つの組の各々に対応するものとして、それぞれ「直観の公理」、「知覚の予想」、「経験の類推」、「経験的思考一般の公準」と名づけています。先の「第二の類推」という原則は、「経験の類推」に含まれる三つの原則（「第一の類推」、「第二の類推」、「第三の類推」）の一つです。ここでその三つを、すべて挙げてみましょう。

「第一の類推」と名づけられている原則（ここでは『純粋理性批判』第二版の表現のみとします）は、次のとおりです。

第一の類推

現象のすべての変化に際して、実体は持続し、その量は自然の中では増えることも減ることもない。（B二二四）

また、すでに見ましたように、「第二の類推」と名づけられている原則は、次のようなものでした。

第二の類推

すべての変化は原因と結果の結合の法則に従って生起する。（B二三二）

そして、「第三の類推」と呼ばれている原則は、次のとおりです。

第三の類推

すべての実体は、それらが空間の中で、同時的なものとして知覚されうる限り、一貫して相互作用のうちにある。（B二五六）

おもしろいことに、「経験の類推」と総称されているこれら三つの原則は、自然科学のいわゆる「質量保存の法則」、「慣性の法則」、「作用・反作用の法則」に、それぞれ対応しています。しかも、カント自身、これらの法則は、原則を「現象の個々の事例へ適用するにすぎない」（BVIII）と明言します。つまり、「質量保存の法則」等々は、経験の類推の三原則の別バージョンだというのです。

原則と法則のそうした関係は、『自然科学の形而上学的基礎』（一七八六年）において、よりいっそう明瞭に説かれます。そこでは、右の三つの法則は、「力学の第一法則」、「力学の第二法則」、「力学の第三法則」の名称のもとに、次のように表現されています。

力学の第一法則
物体的自然のすべての変化に際して、物質の量は全体として同一にとどまり、増えることも減ることもない。（『自然科学の形而上学的基礎』、アカデミー版カント全集第四巻五四一ページ）

力学の第二法則
物質のすべての変化は外的原因を有する。（いずれの物体も、外的原因によってその状態を変えるよう強制されないなら、静止状態もしくは同一方向、同一の速さの運動状態を保つ。）

（『自然科学の形而上学的基礎』、アカデミー版カント全集第四巻五四三ページ）

力学の第三法則

運動のすべての伝達において、作用と反作用は常に等しい。（『自然科学の形而上学的基礎』、アカデミー版カント全集第四巻五四四ページ）

これら三つの法則を「経験の類推」の三つの原則と比較しますと、三つの原則では「実体」や「変化」などが一般的な形で話題になっているのに対して、三つの法則では物質や運動などに話題が限定されています。カントは、三つの原則がもとになってそれぞれに対応する力学の法則が導かれることを、『自然科学の形而上学的基礎』の該当箇所で逐一指摘しています。「力学の第二法則」の場合を例に採ると、彼はそれについて次のように述べています。

> 一般形而上学を基に、すべての変化は原因を有するという命題（原理）が基礎に置かれる。ここでは、物質について、その変化は常に外的原因を持たなければならないということだけが証明される。（『自然科学の形而上学的基礎』、アカデミー版カント全集第四巻五四三ページ）

つまり、「第二の類推」の原則で言われたことが、「力学の第二法則」（慣性の法則）では「物質」に応用されているというのです。

カントは幾何学の公理や定理が経験の対象である「自然」に適用されることを当然視していましたが、それと同様に、判断の区分から導かれたカテゴリー（純粋知性概念）をもとに「概念から」導かれる諸種の原則が、経験に適用され、経験を成り立たしめると信じていました。かくて、純粋数学の総合判断だけでなく、自然法則をも、経験を可能にするアプリオリな総合判断と見るところに、カント哲学の大きな特徴があるのです。

†超越論的観念論再説──「ゲッティンゲン批評」に戻って

カントがどのような仕方でアプリオリな総合判断の可能性を考えたか、その基本は以上です。

ところで、先に私たちは「ゲッティンゲン批評」に触れました。その批評に対して、カントは次のように反論していました。

私がはじめて示すのは、次のことである。すなわち、空間は、時間同様、あらゆる知覚ないし経験に先立ってわれわれの感性の純粋形式としてわれわれに内属しており、そのあらゆる直観を、したがってまたあらゆる現象を可能にするのであるから、空間は（そして、バークリが注意を向けなかった時間もまた）そのあらゆる諸規定ともどもわれわれによってアプリオリに認識されうるということ、これである。

カントがここで強調しているように、空間と時間を感性の純粋形式とすることが、純粋知性概念の考え方とあいまって、まさしくカントの「超越論的観念論」を特徴づけていたのです。そして、これらの道具立てをもとに、カントは、認識を、感性と知性の共働によって成立するものとし、その上で、アプリオリな総合的認識の可能性を捉え、そうした条件に反する悪しき形而上学を排除しようとしたのです。

第8章　魅力と謎

†超越論的観念論の魅力と謎

カントの「超越論的観念論」、なんだかとってもユニークな考え方でしょ？　私たちが認識の対象としているこの世界は、「観念」の別名である「表象」の世界なのです。表象はどこにあるのかというと、心の中。その心が持っている感覚の能力に、空間と時間という二つの「ものの見方」が組み込まれているものですから、私たちは外的なものをすべて空間の中に見、またあらゆるものを時間の中に捉えるというのです。

空間と時間をこのように位置づけることを、カント自身「空間と時間の観念性」と呼ぶのですが、それにしても、このように空間と時間の中に広がっているこの世界が、心の中の世界だというのは、ある種、魅力的な見方です。

実際、ドイツでも他の国でも、カントのこのような見方に興味を抱く人は多く、いまだにたくさんの人がカントについて論じています。

けれども、同時にカントの考えには、謎も少なくありません。彼の言い回しがなかなか理解しづらいということもあるのですが、そういう消極的な謎ではなく、積極的な謎がたくさんあります。

本章では、その謎と魅力のいくつかについて論じ、カントについての理解をなおいっそう深める一助になればと思います。

†実在論のしっぽ

ご覧になっていただいたように、カントの考えは観念論的です。けれども、カントは自分の考えがバークリのような観念論と同一視されることを嫌いました。理由の一端は前章の最後に見ましたが、一つには、彼は「物自体」の存在をけっして否認することはありませんでしたよね。そのため、心の中の話にだけ着目して、物自体の存在をちゃんと認めていることが無視されるのを、カントは許しがたいと思ったのです。

物自体の存在と、それによって私たちの心が触発されてこのような世界が知覚されるに至るというこの部分は、確かに重要です。物自体（物そのもの）は確かに存在するという考えを「実在論」と呼ぶことにしますと、カントの「超越論的観念論」にはその意味での「実在論」が、しっぽのようにくっついています。

けれども、その「物自体」について、それは認識不可能であると、カントは繰り返し主張しました。わからないけどある。この主張は、多くの読者を困らせるものでした。

第2章で説明しましたように、この実在論のしっぽは、仮説的思考によって新たな「物そのもの」の世界を考えようとする当時の最先端の自然科学の考え方がカントの中で退化したものと見ることができます。しかし、ただ単に無用のものとしてくっついているのではなく、それがあるからこそ、すべてを心に属するものとして捉え直すことができたのです。この点について、もう少し見ておくことにしましょう。

†ロックとの対比・再説――歪んだ論理

カントはなぜ物自体と表象の区別を行ったのでしょうか。第2章で説明しましたように、とりわけ古代ギリシャの原子論が復活することによって、私たちが日頃なじんでいるこのいわば色つきの世界は、原子と空虚からなる「物そのもの」の外の世界に対して、心の中に位置づけ直されることになります。外に新たに想定されたそのような「物そのもの」から、私たちの感覚器官（これも物そのものの一つです）が刺激され（言い換えれば「触発」され）、その結果心の中に現れるのが、この色つきの世界であると考えられたのです。原子仮説では私たちが感じている色や味などは原子の性質には含まれません。それらは、私たちの感覚能力が外からの刺激に対してそのように感じるようにできているから感じられるとみなされているのです。

心の中に現れるものをすべて「観念」と呼ぶデカルトの語法に従って、触発の結果私たちが知覚する色や形や味や熱さ・冷たさなどは、すべて「観念」と呼ばれることになりました。こうした考え方の典型は、ロックが『人間知性論』の中で論じた、「物そのもの」―「触発」―「観念」という捉え方でした。

カントの「物自体」―「触発」―「表象」は、ロックのその「物そのもの」―「触発」

――「観念」を換骨奪胎したものと見られます。けれども、カントの「物自体」の捉え方は、復活した原子論を踏まえたロックの「物そのもの」の捉え方とは、大きく異なっています。ロックの場合、「物そのもの」は、実際に感覚的に知覚される、観念が織りなす諸現象をもとに、仮説を立ててそのあり方を研究することのできるものでした。つまり、ロックの場合、「物そのもの」は最初から「不可知」のものとしてその認識が諦められているようなものではなくて、科学的研究の対象となるべきものでした。これに対して、カントは徹底して、「物自体」を認識不可能とします。

カントはロックと同型的な見解を採りながら、なぜ物自体を認識不可能としたのでしょうか。これについては、第2章で、ヒュームの影響を考えました。しかし、それとは別に、諸学の基礎を明らかにするという『純粋理性批判』での考察において、カントは一切の仮説を容認しえなかったという事情がありました。というのも、その考察がなんらかの意味で仮説に基づくものであるとしますと、必然的な基礎を与えるべき考察結果が必ずしも必然的ではない（蓋然的である）という（言い換えれば、そうではないかもしれないという）可能性を容認することになるからです。

実際カントは、『純粋理性批判』第一版序言で、次のように述べています。

確実性に関して言えば、私は自分自身に次のような判決を言い渡した。すなわち、この

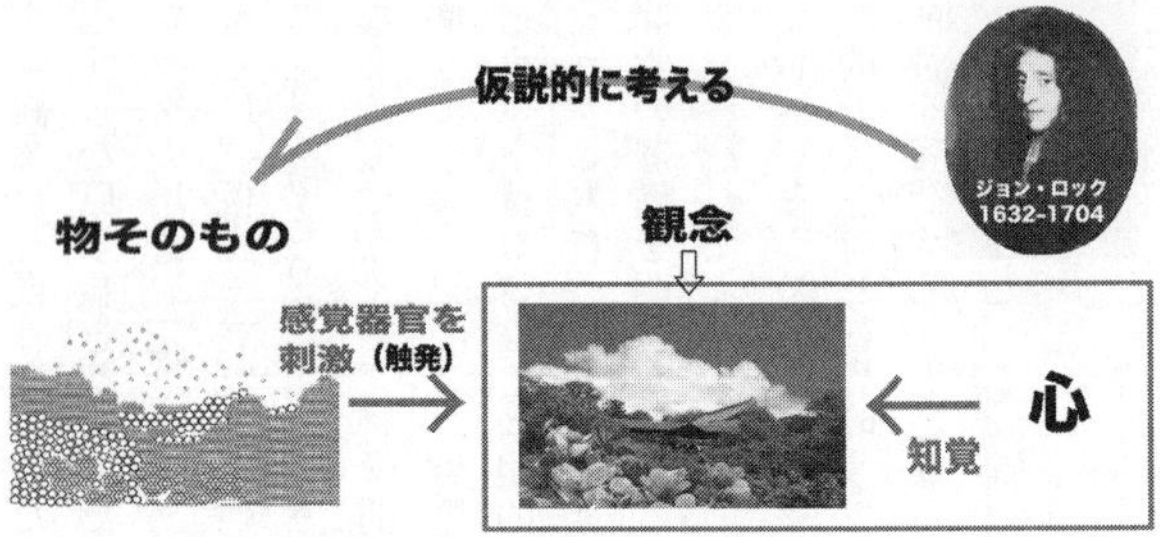

【図49】ロックの場合

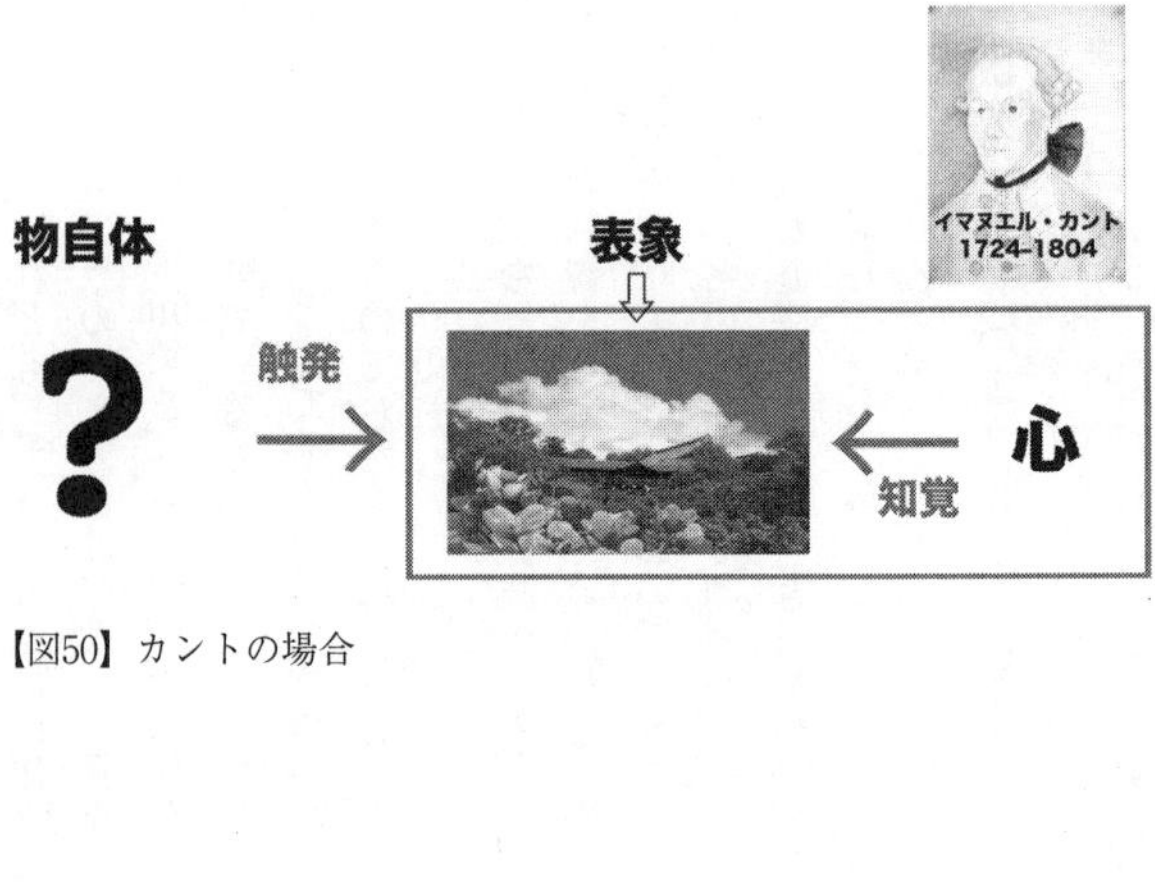

【図50】カントの場合

種の考察においては、臆測は許されず、そこでは仮説に似ているだけですべて禁制品となり、どれほどの安値であっても売りに出すことは許されず、見つけ次第差し押さえなければならない、と。なぜなら、アプリオリに確定されるべきあらゆる認識は、まったく必然的であるとみなされることを欲するとそれ自身告げており、すべての明証必然的（哲学的）確実性の基準であるべき、したがってその手本ですらあるべきすべてのアプリオリな純粋認識の規定は、なおさらそうだからである。（AXV）

もし事態がこのようなものであったとしますと、カントは仮説的に導入された「物そのもの」の存在を受け入れながら、当の仮説を拒否するという歪んだ論理を採用していることになります。

†新たな「物そのもの」の導入の不可能性

カントのそうした認識不可能な「物自体」の導入は、別の問題を生み出します。それは、そのことによって、新たな「物そのもの」の仮説的導入が不可能となるという問題です。

カントによれば、私たちが日常親しんでいる世界は、心の中の表象の世界です。その表象の世界が私たちに示す諸事象から、新たに仮説的になんらかの「物そのもの」を導入する必要が、仮に生じたとします。しかし、その場合、すでに「物自体」というものが私たちの感覚機能に刺激を与えるものとして導入されていますので、「物自体」とともに別の「物そのもの」を私たちの感覚機能を刺激するものとして導入することはできません。

というより、そもそもカントの構図の中では、物自体と心という枠組みがしっかりとできあがっている以上、新たな物そのものを構想する仮説の入る余地は最初からないのです。古来、自然科学が、日常私たちが親しんでいる物とはなんらかの仕方で異なるものを仮説的に導入して発展してきたという流れからすると、カントのこの枠組みはその流れを阻むものでしかありません。

†感覚器官の入る場所がない

カントにとって、私たちが認識できる世界は、物自体からの触発を受けて「現象」として現れる表象の世界です。何が物自体から触発されるのかという点では、カントは「心」と言ったり「感官」と言ったりします。けれど、「感覚器官」と明示することはありませんし、「感官」と訳した'Sinn'(ジン、英語では'sense'にあたります)も、感覚の機能であっても感覚器官とは受け取れません。なぜなら、私たちが日常「感覚器官」と言っているものは、カントの視点からすれば、「現象」として現れるこの世界の一部でしかないからです。それは「物自体」によって私たちの心ないし感覚機能が触発された結果私たちの心の中に現れる現象の一部なのです。

そこで、カントに「二重触発」を認める解釈が出てきます。カントは、物自体からの触発を認めるとともに、現象する世界の中で、現象する「対象」が、（これも現象の一部である）私たちの感覚器官を触発して、私たちがこの現象する世界を認識するに至るとするものです。

けれども、この二重触発の解釈は、いくつもの理由で、カントには適用できません。一つは、現象する対象が現象する感覚器官を触発することをカントが明言した箇所は、『純粋理性批判』にはありません。カントが、対象が物自体としてある場合と、それが私たちの心もしくは感覚機能を触発して現象として心の中に現れる場合とを区別するのは確かです。けれども、この区別に見られる現象としての「対象」が、現象としての私たちの感覚器官を触発し、その結果、さらなるなんらかの「表象」が現れるといったような説を、カントは採ってはいないのです。

粒子仮説（原子論）に基づく「物そのもの」―「触発」―「観念」という捉え方では、「物そのもの」が触発するのは、これもまた「物そのもの」の一種とみなされる私たちの感覚器官です。それが、他の物そのもの同様、それに対応する観念として私たちの心の中に現れ、日常はこの観念として現れる感覚器官のほうを感覚器官だと私たちは思っているのです。ですが、カントの場合には、空間・時間も含めて、世界の認識に関わるもののすべてを心の中に位置づけ、「物そのもの」に対応するところの「物自体」は知られないとしていのですから、ロック等に見られるような「物そのもの」としての「感覚器官」の置かれるべき位置も、その機能も、ありえないことになるのです。

†つき合わせのない対応

カントの言説には、このような謎（?）がいくつもあります。ですが、そうした謎は、先に言いましたように、その魅力と微妙に絡んでいます。その魅力の一つが、アメリカの哲学者ドナルド・デイヴィドソン（Donald Davidson, 1917-2003）の言い方を借りれば、「つき合わせのない対応」と表現することのできるカントの考え方です。

古くから、私たちの考えや発言が「真」とみなせるのは、その考えや発言とは関係なく成り立っているものにそれがぴったり合っている──つまり「対応している」──場合であるという考え方がありました。紀元前四世紀のギリシャのアリストテレスにこの考え方が見られますし、大のアリストテレスファンだった一三世紀のトマス・アクィナス（Thomas Aquinas, 1225/1227-1274）の『神学大全』にも、「真理とは物と知性の一致である」（Veritas est adaequatio rei et intellectus ウェーリタース・エスト・アダエクワーティオー・レイー・エト・インテッレクトゥース）という言い方で出てきます。このような考えを、今日では「真理の対応説」と呼んでいます。カントもこの「真理の対応説」を気にかけていて、『純粋理性批判』では「真理とは認識とその対象との一致である」（A五八／B八二）という表現を用いて、これに言及しています。

近代の原子論（粒子仮説）の枠組みでは、この「真理の対応説」は、私たちの考えと、外に新たに仮説的に想定された粒子と空虚からなる世界とが、きちんと対応しているかどうかという問題として、設定されていました。このことを考える上で重要な役割を演じたのが、「一次性質」と「二次性質」の区別でした。

一次性質というのは、新たに仮説的に想定された「物そのもの」がそれ自体持っているとされる性質のことで、形や大きさ、運動などがそう呼ばれました。これに対して、先に述べましたように、原子論（粒子仮説）では、色や味や感じられている熱さ・冷たさなどは、ある科学的理由から原子（粒子）の性質から外されていました。そうした色や味などは、「物そのもの」からの触発で私たちが感じているだけの性質です。物の持つ二次性質というのは、物にはない色や味などを私たちに感じさせる、物が持っている「能力」のこととされたのです。「能力」ですので、それ自体が色であったり味であったりするわけではありません。このように、私たちの捉え方があたっているかどうかがその粒子仮説の中で問題になるとき、対応の相手は仮説的に想定された「物そのもの」からなる世界でした。

ところが、カントの場合には、同じように「物自体」が想定されていながら、それはまったく認識不可能なものですから、私たちの捉え方がそれと対応しているかどうかは、カントにとって問題になりません。けれども、カントは、それとは別のところに、「対応」

しているかどうかが気になるものを見つけていました。例えばカントは『純粋理性批判』第二版序言で、次のように述べています。

これまで人々は、われわれの認識はすべて対象に従わなければならないと想定してきた。しかし、対象に関してわれわれの認識を拡張するなにかを概念を通してアプリオリに見出そうとする試みはすべて、この前提のもとでは失敗した。したがって、われわれが形而上学の課題において、対象がわれわれの認識に従わなければならないと想定することによってもっとうまくいかないかどうか、一度試してみてはどうだろう。(BXVI)

このように、カントは対象と認識との間の従属関係を逆転させる方向を採るのですが、その方向転換は、私たちの認識と物自体との間の対応関係を度外視し、心の中に現象として現れる対象と私たちの認識との対応関係を問おうとするものでした。もとより、カントの場合、対象の認識それ自体が、直観に純粋知性概念が適用され、多重的総合が進められることによって成立するのですから、直観に対して純粋知性概念を使用することの正当性が確認されれば、そこには対象と認識という二つのものを「つき合わせ」て対応しているかどうかを確認する作業は、基本的に成立しません。ですから、カントは対象と認識の対応関係を気にしてはいるものの、結論としては、「つき合わせ」なければならないような二つの対立するものの関係は、カントの観念論的枠組みの中にはないのです。

カントは、このように、私たちの認識の対象を物自体から現象へと転じ、意識内での多重的総合によって対応そのものを懸念の外に置くという措置をとります。物自体の存在は相変わらず認めるものの、それは私たちが知っているこの世界を心の中の出来事として「観念化」する役割だけを担っています。もとより、この観念化は、私たちの心とは関わらないものを一切残さない観念化でしたから、心の仕掛けだけから生じる認識に関しては、すべて、（経験から得られた認識にはない）必然性という性格を確保することができました。彼がたびたび見せる、「でなければならない」や「必然性」への執着を、こうしてカントは「観念化」によって果たそうとするのですが、それはまた、対応の懸念を払拭してしまおうとする道でもありました。

「物自体」と私たちの認識との対応関係の問題も、現象と私たちの認識との対応関係の問題も、基本的に消去されてしまう学説。そのような学説として、カントの見解は実にユニークな特徴を持っていたのです。

†概念図式

ところで、私がカントについて一番興味深く思っているのは、ある種のものの見方がその人の心に組み込まれているという彼の考えです。

ただし、彼の考えを全面的に認めるわけではありません。カントは直観の形式にせよ純粋知性概念にせよ、そうしたものを恒久不変のものとしていたのですから、それは私には受け入れることはできません。けれど、人間にはなんらかの基本的な考え方の枠組みのようなものがあるという彼の説は、そのことを明確に述べた分だけ、あとの哲学者がそれを歴史化しようとするとき、その作業の跳躍台となりえたのです。そういう意味で、彼の考えは、のちのちの思想の転回に大きく貢献したと私は思います。

どういうことか、説明しましょう。

先ほど、ドナルド・デイヴィドソンのことが出てきました。彼の注目された論文の一つに、「概念図式という観念そのものについて」（Donald Davidson, 'On the Very Idea of a Conceptual Scheme,' *Proceedings and Addresses of the American Philosophical Association*, 47 [1973-1974], pp. 5-20）というのがあります。その論文の冒頭で、デイヴィドソンは「概念図式」を「さまざまな哲学者〔……〕の言によれば、概念図式とは、経験を整理する方途であり、感覚の与件に形式を与えるカテゴリーの体系であり、個人や文化や時代が移り行く光景を見渡す際の観点である」と説明しています。

デイヴィドソンは、その論文で、「パラダイム」概念を用いて科学革命を捉えようとしたトーマス・クーン（Thomas Kuhn, 1922-1996）の見解や、「概念図式」という言葉を繰り返し用いた彼の師クワイン（Willard Van Orman Quine, 1908-2000）の用法等を取り上げ、「概念図式」という考え方を厳しく批判します。

デイヴィドソンの批判はともかく、「概念図式」はドイツ語では 'Begriffsschema'（ベグリフスシェーマ）、英語では 'conceptual scheme'（コンセプチュアル・スキーム）と言います。先ほどのデイヴィドソンの説明からしますと、ここに言う「概念図式」、まるでカント的概念であることが、おわかりいただけると思います。

カントは、私たちにはある「ものの見方」、「ものごとの捉え方」がプログラミングされていて、しかもそれは恒久不変だとしたのですが、あとに続く人々の中には、そうしたものの見方が恒久不変であると考える理由はないとする人たちがいました。典型は、ヘーゲルとニーチェです。私たちのものの見方が歴史の中で変化していくことを、二人とも積極的に認めるのです。

ニーチェ（Friedrich Wilhelm Nietzsche, 1844-1900）の例を見ておきましょう。彼は、遺稿の中で、「図式化」（現代の標準ドイツ語では Schematisierung シェマティジールング）について、次のように述べています。

「認識すること」ではなく図式化する（schematisiren シェマティジーレン）こと——カオスに、それがわれわれの実践的欲求を満たすに足りるほど潤沢な規則性と形式を課すること。

理性の、論理の、カテゴリーの陶冶においては、あの欲求が決定的であった。すなわち、「認識したい」という欲求ではなく、意思疎通や計算などのため、包摂したい、図式化したいという欲求が。（Friedrich Nietzsche, Nachlaß Frühjahr 1888, 14 [152], in *Werke: Kritische Gesamtausgabe*, VIII 3, ed. Giorgio Colli and Mazzino Montinari [Berlin: Walter de Gruyter, 1972], pp. 125 f.）

他方、こうした言葉遣いとともに、当面の話題である「概念図式」（Begriffsschema）という言葉が、ドイツ語圏のさまざまな知識人によって使用され始めます。オーストリアの哲学者ルードルフ・シュタイナー（Rudolf Steiner, 1861-1925）は、例えば『自由の哲学』（Rudolf Steiner, *Die Philosophie der Freiheit* [Berlin: Emil Felber, 1894], pp. 114-115）において、次のように言っています。

対象の概念的諸連関のほか、さらに実在的諸連関を確定するのでなければ、世界の全体はただの抽象的概念図式になってしまうと二元論は考える。言い換えれば、思考によって見出すことのできる理想的諸原理は、二元論者にはあまりに当てにならないものに見え、〔そのため〕二元論者はそれらを支えることのできる実在的諸原理を求める。

また、ドイツの社会学者マックス・ヴェーバー（Max Weber, 1864–1920）は、「社会学と経済学の「価値自由」の意味」（Max Weber, 'Der Sinn der »Wertfreiheit« der soziologischen und ökonomischen Wissenschaften' [1917]）において、次のように述べています。

> これらの事態の経験的考察はみな、老ミルが述べたように、それらに対応する唯一の形而上学としての絶対的多神論の承認へと至るだろう。経験的でなく意味解釈的な考察——それゆえ、真正な価値哲学は、さらにそれを超えて、どれほどよく整えられた「価値」の概念図式も、事態のまさに最も決定的な点を公平に評価することはないということを、見誤ってはならないだろう。（Max Weber, *Gesammelte Aufsätze zur Wissenschaftslehre* [Tübingen: J. C. B. Mohr, 1922], p. 469.）

マルティン・ハイデッガー（Martin Heidegger, 1889–1976）も、折々に「概念図式」という言葉を用いています。例えば、一九三五年から一九三六年にかけて発表された「芸術作品の根源」（Martin Heidegger, 'Der Ursprung des Kunstwerkes' 一九五〇年の『杣径《そまみち》』[全集版では Martin Heidegger, *Holzwege* (Gesamtausgabe, 5; Frankfurt am Main: Vittorio Klostermann, 1977)］に収められています）の中で、次のように言っています。

しかし、まさにこの素材と形式という対概念は、われわれの守備範囲の中では、当然のように用いられているのではないのか。もちろんそのとおりである。素材と形式の区別は、その種類はきわめて多様ながら、あらゆる芸術理論や美学の概念図式そのものである。(Martin Heidegger, *Holzwege* [Gesamtausgabe, 5; Frankfurt am Main: Vittorio Klostermann, 1977], p. 12.)

さらに、新カント派(マールブルク学派)の代表的哲学者エルンスト・カッシーラー(Ernst Cassirer, 1874–1945)は、『カントの生涯と学説』(Ernst Cassirer, *Kants Leben und Lehre* [Berlin: Bruno Cassirer, 1921], p. 345)で、次のように述べています。

歴史的に考察するなら、天才に関するこのカントの説は、二つの異なる精神世界の間で生起する媒介を意味する。というのも、その説は依然としてある決定的モチーフを啓蒙時代の根本的直観と共有しながら、他方では啓蒙哲学の概念図式を内部から解体するからである。

こうして、用法においても、その内容に対する評価においても必ずしも一致しない仕方ではありますが、多様な人々が「概念図式」という概念を使用してきたことが、おわかりいただけると思います。

ところで、「概念図式」（conceptual scheme）という言葉を使用してデイヴィドソンから批判されたクワインは、「第三のドグマという観念そのものについて」（W. V. O. Quine, 'On the Very Idea of a Third Dogma,' in W. V. O. Quine, *Theories and Things* [Cambridge, Mass.: Harvard University Press, 1981], pp. 38–42）においてこれに反論しています。その論文でクワインは、この言葉をヘンダーソンを介してパレートから受け取ったとして次のように述べています。

私は〔「概念図式」という言葉を〕四五年ほど前にL・J・ヘンダーソンを介してパレートから受け継ぎ、それを専門的な役割を果たすわけではない日常言語のつもりで使ってきた。それは建築家が言うところの支保部材ではない。概念図式と言語と世界からなる三つ組みは、私の思い描いているものではない。私はむしろ、デイヴィドソンのように、言語と世界という観点から考えている。（Ibid., p. 41.）

クワインは一九三〇年にオーバリン大学を卒業し、ハーバード大学大学院に入学、三二年に学位を得、奨学金を得てカルナップのもとに留学、翌三三年に、同年に設置された

Society of Fellows（特別研究員の会）の第一期ジュニア・フェローとなります。そのとき、シニア・フェローでそのソサエティーの指導的地位に就いたのが生化学者であり社会学者であったローレンス・ヘンダーソン（Lawrence Joseph Henderson, 1878–1942）です。彼はフランス生まれのイタリアの経済学・社会学者ヴィルフレード・パレート（Vilfredo Pareto, 1848–1923）の社会システムについての見解と、科学の方法論における「概念図式」という考え方を重視しました。そのため、クワインはこの一九三〇年代のハーバードで、当然のように「概念図式」という言葉になじむことになります。

ヘンダーソンがパレートの『一般社会学論考』（*Trattato di Sociologia Generale* [Firenze: G. Barbèra, 1916/1923]）に出会ったのは、一九二〇年代後半のことでした。ヘンダーソンは、科学的認識を有効に進めるために人々が恣意的に形成する概念構成物を「概念図式」（conceptual scheme）と呼びました。ヘンダーソンによりますと、現実は構築された概念図式を通して把握され、観察は概念図式に依拠して行われます。概念図式の当否を判定する基準となるのはその有効性で、それを通して捉えられる真理はあくまで蓋然的なものでしかないとされます。事実とは、「ある概念図式の観点から経験的に検証可能な、現象に関する言明」（Lawrence Henderson, 'An Approximate Definition of Fact', *University of California Publications in Philosophy*, 14 [1932], p. 179）のことで、概念図式がなければ人間の思考は不可能だと考えられます。そして、そうした概念図式の事例の一つが、残基、利益、派生体、異質性という相互に依存する要素からなるシステムとして社会を見ようとする、パレートの考え方であったと、ヘンダーソンは見るのです。

クワインが若き日々を過ごした一九三〇年代から四〇年代はじめにかけてのハーバードには、ヘンダーソンをはじめ、パレートに関心を抱く一群の人々がいました。ヘンダーソンが一九三二年に始めたパレートの社会学に関するセミナーに集まった人々、エルトン・メイヨー（George Elton Mayo, 1880–1949）、ヨーゼフ・シュンペーター（Joseph Alois Schumpeter, 1883–1950）、クレイン・ブリントン（Clarence Crane Brinton, 1898–1968）、タルコット・パーソンズ（Talcott Parsons, 1902–1979）、ジョージ・ホーマンズ（George Casper Homans, 1910–1989）といった人々です。セミナーは一九三四年に終わりますが、「パレート・サークル」（Pareto Circle）と呼ばれるハーバードのこうした人々の間での熱心な議論は、ヘンダーソンが亡くなる一九四二年まで続きました。

こうして、「概念図式」という観念を重視する姿勢は、ヘンダーソンだけでなく、パレート・サークルに関わった他の人々の著作にも現れることになります。『革命の解剖』（*The Anatomy of Revolution*［1938］）の著者で、「革命は希望から生まれる」（Revolutions are born of hope）という言葉で知られるアメリカの歴史学者クレイン・ブリントンは、同書でヘンダーソンから「概念図式」を受け継いだことを示唆し、次のように言っています。

科学者はけっして「事実、そして事実だけ」を扱うわけではない。この点において、危険な認識論的深淵が口を開けているのだが、われわれはそれにもかかわらず前進しようとする。科学者は自分が苦心して誠実に手に入れた諸々の事実に対しては、それらが収まるべきところにきちんと収まるよう手を貸す以外はなにもしないという誤った考えがあるが、そうした考えが持たれる主要な原因は、おそらく、帰納に関するベーコン的な考えが広まっていることにある。事実そのものは、単に「そこに」あるようなものではなく、われわれは、L・J・ヘンダーソンの「事実」の定義、すなわち、ある概念図式の観点から経験的に検証可能な、現象に関する言明という定義を、受け入れなければならない。実際、科学者は概念図式がなければ仕事ができず、事実と概念図式の関係はけっして明確ではないものの、概念図式が事実以外のなにかを含む、と言うか、心の働きを含むことは、少なくとも明らかである。(Crane Brinton, *The Anatomy of Revolution* [Revised and expanded edn., New York: Vintage Books, 1965], pp. 9-10.)

また、社会システム論の代表的論客であるタルコット・パーソンズは、『社会的行為の構造』(Talcott Parsons, *The Structure of Social Action* [1937])の中で、次のように述べています。

いかなる意味、いかなる度合いにおいても概念的に形成されていないような経験的知識は存在しない。これは、基本的なことである。「純粋な感覚与件」、「生の経験」、未定形な意識流といったものについての話はすべて、現実の経験を記述するものではなく、方法論的抽象に関わるものであり、ある目的にとっては正統であり重要であるが、それでも抽象であるには違いない。言い換えれば、ヘンダーソン教授の言い方を借りるなら、あらゆる経験的観察は「ある概念図式の観点から」のものである。このことは、洗練された科学的観察だけでなく、事実についての最も単純な常識的言明にも当てはまる。この意味での概念図式は、言語の構造に内在しており、複数の言語に精通している人にはわかることだが、概念図式は重要な点において言語ごとに異なっている。(Talcott Parsons, *The Structure of Social Action* [2nd edn., Glencoe, Illinois: The Free Press, 1949], p. 28.)

さらに、ホーマンズは自伝『正気に戻って』(George Casper Homans, *Coming to My Senses: The Autobiography of a Sociologist* [New Brunswick: Transaction Books, 1984], p. 164)において、次のように述べています。

私はヘンダーソンに従って、あるグループないし社会の内部で、変数のどの集合も他の集合の要素と互いに依存し合っていると仮定したが、変数間の現実の関係を言明する命題を具体的に述べようとはしなかった。これによって、私が作り出したものは理論そのものではなく概念図式となった。ヘンダーソンのその言葉の用法が示すように、概念図式とは、現象を研究する際に考慮する必要のあるもろもろの変数についての言明である。これには通常、変数はシステム内で互いに依存しているという仮定がさらについているが、変数をつなぐ命題を具体的に述べることはない。今日、概念図式はパラダイムと呼ばれることがある。他の科学者たちは、理論そのものを概念図式と呼んでいる。

先ほど挙げたクワインは、このような知的雰囲気の中で、ジュニア・フェローとして日々を過ごしました。彼自身は、自らの著作において、「概念図式」を重要概念として論じることはなかったのですが、それはこうした当時のハーバードの状況からして、彼自身が言うように、その言葉をなじみの「日常言語」として受けとめたからだと思われます。

このように、カントの見解は、デイヴィドソンのようにそれを否定する論者のそれも含めて、「概念図式」をめぐる現代のさまざまな議論のうちに、鮮やかなその残照を見出すことができるのです。

私自身は、先に申しましたように、カントの言うような固定した「ものの見方」、「もののごとの捉え方」に与する考えを是とすることはできません。若きクワインがかつて「アプリオリなもの」について論じたように、ものの見方を固定したいのは、それを固守したいと思っているということであって、それが恒久不変の真理であることを示すものではありません。その観点からすれば、カントは『純粋理性批判』の中でいくつかのものを固定しようとしましたよね。その中には、彼の言う「純粋自然科学のアプリオリな総合判断」も含まれていました。それが科学史上何を意味していたかを考えると、『純粋理性批判』の中のカントの言説がけっして無前提ではなく、ヘーゲルの言う「誰ももともとその時代の子であるが、哲学もまた、その時代を思想の内に捉えたものである」(『法の哲学』序文)の例外ではなかったことを、私たちは認めざるをえません。

「概念図式」をどう見るかについてなされたさまざまな議論は、私たちが自分自身をどう捉えるかという哲学の根本問題を思索する上で、さまざまな手がかりを与えてくれるものとなっています。右に述べた私の見解も、それに促されてのものであることは確かです。

†はしごは投げ捨てられるか──『純粋理性批判』の言説そのものの位置

カントの謎とカント由来の問題圏の広がりについては以上にして、最後にもう一点、挙げておきたいことがあります。

それは、『純粋理性批判』におけるカントの議論(判断)自体は、彼の説の中ではいったいどのような位置を持つことになるのだろうかという点です。

彼は超越論的感性論で空間・時間を取り上げ、超越論的分析論では一二のカテゴリーを導出します。そうして、「原則」を証明してみせたり、純粋数学や純粋哲学（形而上学）に属するアプリオリな総合判断がどのようにして成り立つことができるかを多々論じます。こうした彼の言説自体は、いったいどういう位置を持つのでしょうか。彼が示して見せた感性と知性に属する道具立てをフルに活用した結果なのでしょうか。

私にはとてもそのようには思えません。

『純粋理性批判』における彼の言説は、認識に関するメタ言説です。そのメタ言説が、当のメタ言説の言う条件に合うのかどうか、私にはきわめて疑問です。

むしろ、『純粋理性批判』を読んで思うのは、彼の言説の位置が、ヴィトゲンシュタインの『論考』の言説の位置と重なるということです。

ヴィトゲンシュタインは、言語の使用条件と正当な思考の条件を『論考』で論じましたが、その『論考』の言説自体は、そこで論じたことに反するもので、そのため、二階に昇ってしまったらあとは無用のものとして「投げ捨てる」べきはしごのようなものとしてそれを扱いました。

カントはそんなことはしないと思います。けれども、『純粋理性批判』におけるカントの言説は、そのヴィトゲンシュタインの言説と同じ位置にあると言わなければならないようです。

本書で扱った事柄の中で、特にそれを強く意識させるのは、カントが「統覚」を論じ、さらに「原則」を証明するくだりです。統覚を論じるその視点、原則の証明に使われるもろもろの根拠、それらはいかなる「権利」のもとに使用されているのでしょうか。

私はカントのそうした言説をヴィトゲンシュタインのように「ナンセンス」というつもりはありません。けれども、もしカントがヴィトゲンシュタインと同じような感覚を持っていたら、カント自身がなんと言ったか、大変興味のあるところです。

というわけでした。カントはさまざまな意味で興味深い、魅力ある哲学者です。また、謎も多い哲学者です。私自身は、カントが歴史を超えてその真理性を保つ普遍的・必然的言説を残したとは思いませんが、彼は確かに刺激的な哲学者であるに違いありません。

本書がその理解に多少とも資するところがあったとすれば、著者としてそれ以上の喜びはありません。

ご精読、ありがとうございました。

あとがき

結構長く生きてきたのですが、カント自身が与《くみ》した科学史の流れを顧慮しながら、私のような者にも「わかる」ように解説してくれる、そんな『純粋理性批判』に関する書物に、寡聞にして出会ったことがありませんでした。それで、自分で書くことにしたのが本書です。

カントの『純粋理性批判』は、大学の一回生でドイツ語初等文法を習ったあと、最初にドイツ語原典で読もうとした哲学書でした（どうしても原典で読みたかったのです）。もともと怪我で目を悪くしたため基礎医学に進まず（当時は両眼で顕微鏡による作業ができることが要件だと言われていました）、ケースワーカーになるため心理学を専攻するつもりだったのです。そんな、まだ哲学に進むとは決まっていない段階で、同じ京都肢体不自由児協会のボランティア仲間の先輩で当時京都大学人文科学研究所の助手を務めておられた「自由人」の大泉さん（通称「ズミさん」）という方から、『純粋理性批判』を読むならレクラム文庫版が便利だと教えていただいて、アルバイトして財布はたいて新幹線に乗り、東京の信山社まで買いに行ったものでした（あとでわかったのですが、京大正門そばの中西屋書店に常備されていたのです。あはは。青春ですね）。

レクラム文庫は岩波文庫のモデルになったドイツの文庫シリーズで、字は小さかったのですがポケットに入るので確かに便利でした。でも、中身は難しくて、はじめは一日数行、なかなか読み進めることができませんでした。

その頃は、カントを理解するために、彼の論理学講義なども読みました。というよりもむしろ、アリストテレスやボエティウス、そのうちには中世のペトルス・ヒスパーヌスやオッカムの論理学書を――（クワインの著書 *Philosophy of Logic* にお名前の出てくる）人文科学研究所の山下正男先生にラテン語文献読解の手ほどきをいただきながら――読むことによって、カントが当然のこととしていた知識を確認したり、ロックやライプニッツを読んだりということで、そのうち、研究の中心は、カントそのものからは次第に離れていきました。

その頃の私は、カントが「物自体」を当然視するのが不満で、むしろ一切を捨てて第一原理から始めようとするデカルト、それから、観念論者のバークリ、そして、現象学を創始したフッサールのほうが魅力的だったのです。そんなわけで、卒業論文はデカルト批判（どうして「批判」かというと、デカルトの公式の哲学の中には私たちが生きていく上でなくてはならない「おまえ」、「君」、「あなた」「マルティン・ブーバーの『我と汝』に言う「汝」です」の場所がないと思われたものですから）、それから、フッサールの現象学をよりよく理解するために始めたロック研究（フッサールは師ブレンターノに勧められてイギリス経験論の研究を行い、それが彼の現象学の糧になっていましたから）で修士論文を書き、博士課程では現象学とロックの研究をさらに進め、それと同時に、その当時イギリス経験論研究の多くが依拠していた分析哲学の研究を並行して進めることになりました。

そんなこんなで、カントとは、最初の出会いと以後の数年間がありながら、結局、私自身がヨーロッパの一七・八世紀の思想動向を科学史的な流れの中でそれなりに捉えられるようになるまで、積極的に関わることは比較的少ないまま月日が過ぎました。とは言え、ロック研究の途上でカントとの枠組みの近さは絶えず意識せざるをえず、その結果、二〇〇〇年代に入って、その気がかりを最初に論文にする機会を得ました。それが、

Yasuhiko Tomida, 'Locke's "Things Themselves" and Kant's "Things in Themselves": The Naturalistic Basis of Transcendental Idealism', in Sarah Hutton and Paul Schuurman (eds.), *Studies on Locke: Sources, Contemporaries, and Legacy* (Dordrecht: Springer, 2008), pp. 261–275.

でした。（この論文の増補日本語版は、「カントの超越論的観念論の歪んだ論理空間――『純粋理

性批判』の自然主義的基盤・再考」として、『思想』二〇一五年一二月号に掲載していただきました。）

この論文は、カントの枠組みがどのような仕方でロックのそれを継承したものとなっているか、そしてそれがどのような論理的な歪みをもたらしているかを論じたものです。結局、カントが物自体を「当然視」したのはなぜかに対する私なりの解答を、こうして一応得たことにはなりましたが、なんと長い時間を要したことでしょう（四〇年近くもかかってしまいました）。

本書は、私のカント研究の現状を踏まえたもので、『観念論の教室』（ちくま新書、二〇一五年）の姉妹編にあたります。もともと『観念論の教室』でカントのことを少しでもと思っていたのに、スペースがまったく足りず、ごく簡単に触れるだけになりました。この度もまた、スペースの関係上、カントの『純粋理性批判』の全体を網羅的に扱うことはできませんが、彼の思想の核となる部分（超越論的観念論）について、できるだけわかりやすく、その本質的な面を解説するよう心がけました。

（なお、拙著『カント哲学の奇妙な歪み――『純粋理性批判』を読む』〔岩波現代全書、二〇一七年〕も、本書をよりよくご理解いただくのに役立つはずです。この本は、『純粋理性批判』に見られるカントの形而上学〔純粋哲学〕が、いかに彼が是とした自然科学をベースとしたものであったか、言い換えれば、カントの超越論的観念論が、どれほどクワインが肯定的に言う「自然主義」的なものであったかを示すものです。もとより、カントはこの自然主義を脱したいと願っていたのですが、結局当の自然主義的思考の枠組みの中で自らの営みを進めるしかなかったという、皮肉な話になっています。私としては、このような批判的カント解釈に対する、諸兄諸姉からの痛烈な反論を、心待ちにしています。）

本書第1章の執筆にあたっては、海外で公開されている多分野にわたる夥しい基礎資料のお世話になりました。ここに一つ一つを挙げることはできませんが、さまざまな資料を蓄積し、あるいは検討し、ご提供くださった、各国の多くのみなさまに、心より御礼を申し上げます。

また、本書のベースになっているデカルト、ロック、バークリ、カントに関する私の論文・著書の公刊に際して久しくお力添えくださった、故ジョン・ヨルトン先生、故アナ＝テレサ・ティミニエチカ先生、ローランド・ホール先生、G・A・J・ロジャーズ先生をはじめとする海外の多くの先生方、そして、学生時代に京都大学文学部哲学科で哲学の手ほどきをしてくださった、故野田又夫先生、故辻村公一先生、故藤澤令夫先生、故山田晶先生、それに、西洋中世のラテン語文献読解の手ほどきをしてくださった人文科学研究所の山下正男先生に、改めて感謝の意を表したいと思います。

最後になりましたが、筑摩書房の天野裕子さんには、本当にお世話になりました。『アメリカ言語哲学入門』、『観念論の教室』、『ローティ――連帯と自己超克の思想』のときと同様、天野さんのアドバイスと寛大さがなければ、本書はありえませんでした。心より御礼申し上げます。

冨田恭彦

二〇一七年元旦

本書はちくま学芸文庫のために書き下ろされたものである。

ちくま学芸文庫

カント入門講義《にゆうもんこうぎ》　超越論的観念論《ちようえつろんてきかんねんろん》のロジック

二〇一七年三月　十　日　第一刷発行
二〇二四年五月十五日　第五刷発行

著　者　冨田恭彦（とみだ・やすひこ）
発行者　喜入冬子
発行所　株式会社　筑摩書房
　東京都台東区蔵前二―五―三　〒一一一―八七五五
　電話番号　〇三―五六八七―二六〇一（代表）
装幀者　安野光雅
印刷所　三松堂印刷株式会社
製本所　三松堂印刷株式会社

ISBN978-4-480-09788-0 C0110